本书为国家社会科学基金一般项目"双链融合下技术机制与路径研究"（项目编号：23BJL076）的成果

U0610471

湖南师范大学·经济管理学科丛书
HUNANSHIFANDAXUE　JINGJIGUANLIXUEKECONGSHU

# 专利质押与创新创业：
## 理论与实践

Patent Pledge, Innovation and Entrepreneurship:
Theory and Practice

袁礼 等◎著

经济管理出版社
ECONOMY & MANAGEMENT PUBLISHING HOUSE

**图书在版编目（CIP）数据**

专利质押与创新创业：理论与实践/袁礼等著.
北京：经济管理出版社，2024. -- ISBN 978-7-5096
-9925-6

Ⅰ. F832.4；F279. 243

中国国家版本馆 CIP 数据核字第 2024QL9237 号

组稿编辑：杨　雪
责任编辑：杨　雪
助理编辑：王　慧
责任印制：张　艳
责任校对：王淑卿

出版发行：经济管理出版社
　　　　　（北京市海淀区北蜂窝 8 号中雅大厦 A 座 11 层　　100038）
网　　　址：www. E-mp. com. cn
电　　　话：(010) 51915602
印　　　刷：北京晨旭印刷厂
经　　　销：新华书店
开　　　本：710mm×1000mm/16
印　　　张：13
字　　　数：220 千字
版　　　次：2024 年 10 月第 1 版　　　2024 年 10 月第 1 次印刷
书　　　号：ISBN 978-7-5096-9925-6
定　　　价：88.00 元

# 总序 SEQUENCE

当历史的年轮跨入 2018 年的时候，正值湖南师范大学建校 80 周年之际，我们有幸进入到国家"双一流"学科建设高校的行列，同时还被列入国家教育部和湖南省人民政府共同重点建设的"双一流"大学中。在这个历史的新起点上，我们憧憬着国际化和现代化高水平大学的发展前景，以积极进取的姿态和"仁爱精勤"的精神开始绘制学校最新、最美的图画。

80 年前，随着国立师范学院的成立，我们的经济学科建设也开始萌芽。从当时的经济学、近代外国经济史、中国经济组织和国际政治经济学四门课程的开设，我们可以看到现在的西方经济学、经济史、政治经济学和世界经济四个理论经济学二级学科的悠久渊源。中华人民共和国成立后，政治系下设立政治经济学教研组，主要承担经济学的教学和科研任务。1998 年开始招收经济学硕士研究生，2013 年开始合作招收经济统计和金融统计方面的博士研究生，2017 年获得理论经济学一级学科博士点授权，商学院已经形成培养学士、硕士和博士的完整的经济学教育体系，理论经济学成为国家一流培育学科。

用创新精神研究经济理论构建独特的经济学话语体系，这是湖南师范大学经济学科的特色和优势。20 世纪 90 年代，尹世杰教授带领的消费经济研究团队，系统研究了社会主义消费经济学、中国消费结构和消费模式，为中国消费经济学的创立和发展做出了重要贡献；进入 21 世纪以后，我们培育的大国经济研究团队，系统研究了大国的初始条件、典型特征、发展形势和战略导向，深入探索了发展中大国的经济转型和产业升级问题，构建了大国发展经济学的逻辑体系。正是由于在消费经济和大国经济领域上的开创性研究，铸造了商学院的创新精神和学科优势，进而形成了我们的学科影响力。

目前，湖南师范大学商学院拥有比较完善的经管学科专业。理论经济学和工商管理是其重点发展领域，我们正在努力培育这两个优势学科。我们拥有充满活力的师资队伍，这是创造商学院新的辉煌的力量源泉。为了打造展示研究成果的平台，我们组织编辑出版经济管理学科丛书，将陆续推出商学院教师的学术研究成果。我们期待各位学术骨干编写出高质量的著作，为经济管理学科发展添砖加瓦，为建设高水平大学增光添彩，为中国的经济学和管理学走向世界做出积极贡献！

　　自党的十八大提出"实施创新驱动发展战略"，到党的二十大提出"加快实施创新驱动发展战略"，强调"提高科技成果转化和产业化水平"，表明中国科技创新在取得突破性进展、迈向新发展阶段的同时，亦面临着科技成果难以及时顺畅转化这一现实困境。党的二十届三中全会提出"深化科技成果转化机制改革"，更加明确了加强创新成果转化机制改革的战略意义。

　　然而，作为创新创业活动的主体，科技型初创企业在以创新驱动科技创业、推动技术商业化的过程中，往往因资金短缺而无法跨越"死亡之谷"和"达尔文之海"，导致创新成果难以及时顺畅转化。因此，在持续推进"大众创业、万众创新"的过程中，金融系统提供的资金支持对有效发挥金融资金对创新、创业和技术转化的支持作用至关重要。为破解科技型初创企业的融资难题，我国不断深化金融体制改革，银行等金融中介机构积极推动针对中小企业的金融服务创新。而专利质押融资作为技术与资本要素融合的主要形式，亦是科技金融的重要探索，可能成为银行金融资源破解初创型中小企业创新创业融资困境、支持技术转移转化的有效途径。

　　本书以科技型初创企业在创新创业过程中面临的融资困境为切入点，将创新链上"基础研究→应用创新→创新产业化"的转化过程贯穿研究的逻辑主线，从理论机制、典型事实再到实证检验，系统考察专利质押对企业创新与创业的影响、作用机制和条件，深入探究专利质押如何提升创业和创新的耦合效应，结合城市—行业层面和上市公司面板数据，对比专利质押对不同类型企业的异质性影响，探究技术市场环境和创业市场环境在专利质押促进创新创业过程中发挥的调节作用。在此基础上，基于创新成果转化视角，进一步评估专利质押试点政策的成本与收益。最后，从减污降碳的视角考察专利质押试点政策的社会效应。

本书的编写分工如下：袁礼负责第一章；周燕、龚钰涵和袁礼负责第二章、第三章；周燕和袁礼负责第四章；龚钰涵和袁礼负责第五章、第六章和第七章；袁礼负责第八章和全书统稿。

受时间和笔者水平所限，本书难免有疏漏与不足之处，恳请广大读者批评指正！

# 目录 CONTENTS

第五章 **专利质押影响中国创业活跃度的实证分析** 077

# 绪 论

# 第一节
## 研究背景与意义

## 一、研究背景

创新和创业对经济体的长期经济增长至关重要(Schumpeter，1934；Solow，1957)，是互促共生的关系。基于创新的复杂性和系统性(Nelson，1993；Rothwell，1994)，基础研究、应用创新和创新商业化等一系列创新活动构成了一条环环相扣的创新链(吴晓波和吴东，2008；张其仔和许明，2020)。创业活动，特别是科技创业活动是实现创新商业化应用的重要途径。因此，创业能进一步推动创新，实现创新的价值、形成新的生产力(Schumpeter，1934；Glaeser et al.，2010)。在围绕产业链部署创新链，围绕创新链布局产业链，促进创新链与产业链深度融合(简称"双链融合")的背景下，创新创业有助于解决创新链与产业链协同度不高的问题，能化解科技创新无法有效支撑产业发展的困境，实现从科学到产业的顺畅转化，推动经济高质量发展。基于此，2014年第八届夏季达沃斯论坛上，李克强同志第一次提出"大众创业、万众创新"，旨在激发亿万群众创新、创业，为稳增长、保就业提供新动能。此后，党的十九大报告明确指出，应当"激发和保护企业家精神，鼓励更多社会主体投身创新创业"。党的二十大报告指出"营造有利于科技型中小微企业成长的良好环境""提高科技成果转化和产业化水平"。《中华人民共和国国民经济和社会发展第十二个五年规划纲要》明确指出"推动科技创新与大众创业万众创新有机结合，塑造更多依靠创新驱动、更多发挥先发优势的引领型发展"。《中华人民共和国国民经济和社会发展第十四个五年规划和2035年远景目标纲要》则提出，"推进创新创业机构改革，建设专业化市场化技术转移机构和技术经理人队伍"。同时，政府也出台了相关政策措施与实施细则，如《国务院关于大力推进大众创业万众创新若干政策措施的意见》，着力推动全社会的创新创业活动。

　　然而，作为创新创业活动的主体，科技型初创企业在以创新驱动科技创业、推动技术商业化的过程中，往往因资金短缺而无法跨越"死亡之谷"和"达尔文之海"。因此，在持续推进"大众创业、万众创新"的过程中，初创企业离不开金融系统提供的资金支持，以有效发挥金融资金支持创新创业的作用。一般而言，初创企业可以通过银行债权融资和风投股权融资等方式弥补资金缺口，但在实现技术商业化落地的过程中，潜在风险和试错成本过高，创业者实际上很难获得外部的资金支持，特别是银行贷款等债权融资的支持（De Meza and Webb，1987）。其背后的原因在于：创业创新活动存在高风险特征，且初创企业与金融系统之间存在着严重的信息不对称问题，如何管理信息不对称带来的信用风险和创新创业不确定性是金融支持无法回避的挑战。与风险投资相比，尽管银行贷款可以避免股权稀释带来的高额成本，但在当前中国以银行为主导的金融体系下，银行发放贷款需要企业提供有形实物资产或股权资产作为抵押物，或者利用信息搜集优势缓解上述风险（林毅夫等，2009；曾海舰，2012；张一林等，2016）。然而，科技型初创企业的重资产和"硬"信息不足，企业价值多体现在专利技术等轻资产上，而传统商业银行对"软"信息的甄别能力有限。更重要的是，专利交易市场的信息不对称程度高，当专利资产用于抵押担保时，存在事前评估难和事后清算难等问题，无法满足银行传统贷款模式下的抵押担保条件（Brown et al.，2013），"融资难""融资贵"成为掣肘企业创新创业活动的重要因素之一。为此，2023年中央金融工作会议指出，应当"优化资金供给结构，把更多金融资源用于促进科技创新、先进制造、绿色发展和中小微企业，大力支持实施创新驱动发展战略、区域协调发展战略，确保国家粮食和能源安全等。盘活被低效占用的金融资源，提高资金使用效率。做好科技金融、绿色金融、普惠金融、养老金融、数字金融五篇大文章"。

　　为破解科技型初创企业的融资难题，我国不断深化金融体制改革，银行等金融中介机构积极推动针对中小企业的金融服务创新。而作为科技金融的主要形式之一，专利质押融资可能是银行金融资源破解科技型初创企业创新创业融资困境的有效途径之一。所谓专利质押，是指企业拥有的专利在通过专利价值评估后，将其作为质押品向金融机构申请贷款，若债务人不能偿还到期债务，债权人有权就专利价值优先受偿（李明星等，2013；张魁伟和许可，2014）。1995 年，《中华人民共和国担保法》①阐明了专利权中的财产权，确立了其可作为质押物的合法地位。1996 年，原中国专利局颁发了《专利权质押合同登记管理暂行办法》，专利质押开始进入大众视野。但在随后十年间，专利质押融资的发展几乎处于停滞状态，直至 2008 年起我国大力推行专利质押融资业务，稳步推进知识产权质押融资试点工作。2008 年、2009 年、2010 年、2012 年和 2016 年陆续批复了 5 批知识产权质押融资试点。同时，国家还出台了一系列政策进一步规范和完善知识产权质押制度，如《关于进一步加大对科技型中小企业信贷支持的指导意见》《关于加强知识产权质押融资与评估管理支持中小企业发展的通知》等，有效缓解了中小企业的融资难题。正是得益于相关政策的激励，我国专利质押融资的数量和金额呈高速增长趋势，2008～2020 年，专利质押数量年均增长率为 153.68%，同期全国专利质押融资累计达 6397 亿元②。由此可见，随着我国专利质押融资制度和政策的不断完善，专利质押市场规模不断扩大，越来越多的中小企业通过专利质押融资实现企业资金周转，化解创新创业过程中的融资约束问题。

为此，本书以初创企业在创新创业过程中面临的融资困境为切入点，将创新链上"基础研究→应用创新→创新产业化"的转化过程作为研究的逻辑主线，从理论分析和实证检验两个维度展开研究，首先，系统分析专利质押对创新创业的影响、作用机制和条件，深入探究专利质押如何提升创业与创新耦合效应。其次，针对创新链和产业链深度融合的新需求，以科技创业识别从应用创新到产业化的创新成果转化，深入讨论专利质押对创新转化的激励作用，以及对基础研究的挤出效应，系统评估专利质押在促进创新成果转化过程中的成本和收益。最后，面向"双碳"和可持续发展目标，研究专利质押对环境污染治理的溢出效应，分析其通过促进绿色创新和环保创业，推动减污降碳效应的机制。本书的研究结论不仅有助于完善创新创业的金融支持制度，丰富促进技术转移转化的融资模式，系统优化专利质押融资体系，打通金融机构服务链条堵点，还能够为中小创新型企

---

① 2020 年 5 月 28 日，十三届全国人大三次会议表决通过了《中华人民共和国民法典》，自 2021 年 1 月 1 日起施行。《中华人民共和国担保法》同时废止。

② 笔者根据国家知识产权局和 incoPat 全球专利数据库相关数据整理所得。

业更好地利用知识产权的担保价值，支持中小企业朝"专精特新"方向发展、为创新策源地提供政策参考。

## 二、研究意义

### (一)理论意义

第一，本书系统梳理不同层次的专利质押政策变迁，综合分析专利质押数量和金额的变化趋势，剖析专利质押在不同类型企业、行业和地区分布的特征规律，为后续专利质押相关研究提供多维数据支撑。

第二，本书采用专利申请数和授权数，综合分析专利数量的变化规律，从专利类型和被引数等维度，分析中国各类企业、行业和地区的创新质量；结合初创企业和高新技术企业的注册登记信息数据，系统考察中国不同地区和行业的创业活跃度，为分析和研判中国创新创业趋势提供独特的指标体系。

第三，本书结合理论演绎和实证分析方法，从城市、行业和企业层面，深入探究专利质押融资对创新活动的影响及作用机制，检验专利质押试点政策对创业活跃度的影响机制和约束条件，考察专利质押对提升创业创新耦合效应的作用，为综合分析新型金融服务如何培育"专精特新"企业和支持创新创业提供新的研究视角和分析框架。

第四，本书将创新链上基础研究、应用创新和创新产业化各环节之间的创新转化为逻辑主线，以科技创业为代表从应用创新到产业化这一创新转化过程的产出，以科技创业数量的增加衡量专利质押试点政策的经济效益，以基础研究数量的降低表征专利质押试点政策的成本，为综合评估风险借贷政策的成本收益提供系统框架。

第五，本书考察专利质押试点政策的环保效应，即其通过激励绿色创新和促进环保创业两类机制，实现减污降碳效应，不仅有助于理解专利质押在实现可持续发展和助推"双碳"目标实现时发挥的关键作用，也能为精准评估专利质押的社会效应提供独特的视角。

### (二)现实意义

第一，本书系统梳理专利质押政策的演进逻辑，准确甄别专利质押融资的典型特征，有助于不同地区和行业的各类企业更好地利用知识产权的担保价值，拓宽融资渠道，缓解融资困境。

第二，本书准确测算企业技术创新数量和质量，精准评估城市—行业的创业活跃度，剖析创业与创新的联动效应与协同机制，能为高质量发展提供创新创业新引擎和新动能，也能为各区域打造具有核心竞争力的科技创新高地、建设创新型城市提供经验支持。

第三，本书基于双向信号机制视角，探究专利质押通过缓解企业、银行和风险投资公司之间的信息不对称，继而激励高质量创新、提升创业活跃度的机制和条件，更能够为进一步探索开展"政银投"合作，打通金融机构服务链条的堵点提供政策参考，还能为健全和完善知识产权质押融资政策体系，设立产业发展基金体系，破解科技型初创企业融资难题，探索服务"专精特新"企业的金融支持路径提供经验证据。

第四，本书综合评估专利质押试点政策成本和收益，有助于权衡风险借贷政策的利弊，以便政府制定更加科学合理的科技金融政策，在借助专利质押融资推动科技创业的同时，避免因抑制基础研究带来的创新原动力不足的问题。

第五，本书深入研究专利质押试点政策对空气污染和碳排放的影响效应及作用机制，有助于中小企业利用专利质押融资，强化金融机构的绿色借贷倾向，解决绿色创新和环保创业融资缺口，实现资本、技术和环境要素的深度融合，推动科技金融和绿色金融的协同发展。

## 第二节
## 研究思路与方法

### 一、研究思路

基于科技型初创企业的资金短缺问题，按照"理论逻辑—特征事实—机制识别—路径优化"递进层次，构建专利质押影响创新创业的系统分析框架，具体研究思路如图 1-1 所示。首先，本书考察了专利质押对创新创业的影响效应、作用机制和约束条件；其次，将创新过程解构为基础研究、应用创新和产业化等环节，以创新链各环节为基础，评估专利质押的成本与收益；再次，关注"双碳"目标的新需求，探析专利质押对污染减排的作用机制；最后，系统优化专利质押的政策支持体系。

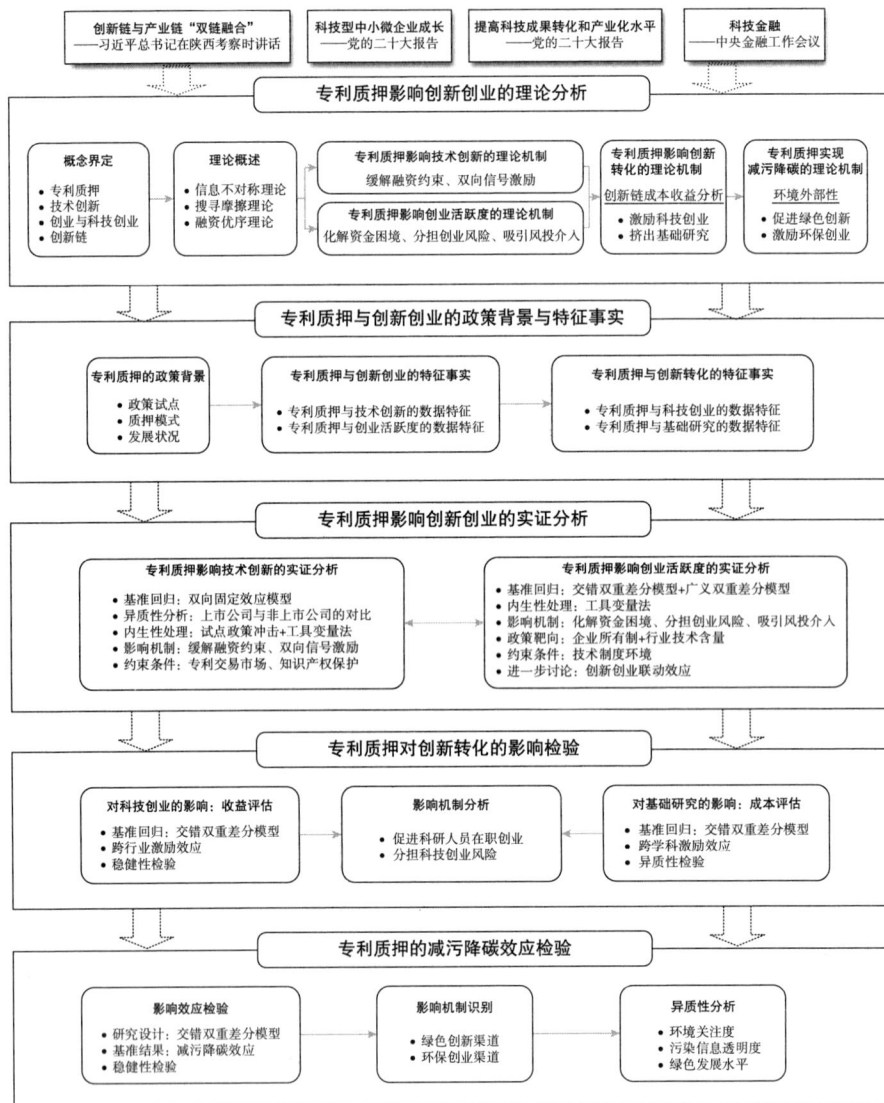

图 1-1　本书的研究思路

## 二、研究方法

### (一)理论分析法

第一，本书利用商业银行学、信息经济学、公司金融理论、经济法等相关理论，分析专利质押通过缓解融资约束，影响企业创业活跃度、创新数量和质量的理论机制。在此基础上，本书进一步利用信息不对称理论，从双向信号激励的视角，剖析专利质押通过缓解企业、银行和风险投资机构之间的信息不对称，继而促进创新创业的理论机制，讨论风险投资与风险借贷对创新创业的协同影响。第二，本书以创新经济学为基础，结合成本收益分析法，分析专利质押通过激励科技创业对创新成果转化的正向影响，探析其对基础研究的挤出效应，考察其对创新成果转化的负向影响，从创新链视角评估专利质押的成本和收益。第三，本书结合环境经济学理论，分析专利质押对减污降碳的作用，剖析其对环境带来的正外部性效应。

### (二)指标测度法

第一，结合企业注册登记数据，从城市—行业层面统计和加总新进入企业数量，据此测算城市—行业层面的企业创业活跃度。第二，从多个维度测算上市公司的创新数量和质量，采用专利申请和授权等指标，从研发产出视角测度企业创新活动的数量；结合专利文本数据和上市公司财务指标，以专利被引用次数和发明专利数量等指标测算企业的创新质量，以保持评价结果的科学性和稳健性。第三，以高新技术企业注册登记数据衡量科技创业，表征从应用创新到产业化的创新转化成果；以大学期刊文章数量和国家自然科学基金资助项目数量衡量基础研究，以便围绕创新链评估专利质押的成本和收益。

### (三)实证分析法

第一，运用固定效应模型和两阶段最小二乘法，实证检验专利质押对企业创业活跃度、创新数量和质量的影响。第二，以知识产权质押融资试点作为专利质押的外生事件冲击，利用倾向得分匹配-双重差分模型(PSM-DID)、三重差分模型(DDD)、交错型双重差分模型(Staggered DID)等方法实证检验专利质押对企业创业的影响。第三，利用交互项模型、替换被解释变量等方法，实证分析在不同行业、不同地区、不同企业中，专业质押对企业创业、创新的异质性影响和作用机制。

### （四）比较分析法

本书对比专利质押对不同行业创业和不同所有制企业创业的异质性影响，对比专利质押对不同类型企业技术创新的异质性影响；同时，对比在不同技术市场环境下，专利质押激励创新创业的异质性作用。据此，各地区可以根据其技术市场环境的发展状态，引导当地优势产业中的初创型企业更好地利用专利质押政策，筹集创新创业资金，继而提高企业创新质量。

## 第三节
# 研究创新与不足

## 一、研究创新

已有研究虽然考察了专利质押对企业创业创新活动的影响及作用机制，但仍有一些问题需进一步探究和深化：第一，已有研究关注专利质押对企业创新的影响，但尚未充分关注到其对激励创业活跃度的影响。第二，现有文献基本能验证专利质押对创新的促进作用，但囿于数据的可得性，多是基于上市公司数据探究专利质押对企业创新的影响，但上市公司的数据缺乏代表性，且与专利质押政策旨在破解创新型中小企业融资困境的目标相悖，采用该数据难以系统评估专利质押对不同类型企业技术创新的整体影响。第三，以往文献多从单一地缓解融资约束机制来检验专利质押对企业创新的影响，未考虑在专利质押实践中，企业、银行与风险投资公司互相作用对于强化信号机制的作用，未能系统全面剖析专利质押对企业技术创新的影响机理。第四，在探究专利质押对企业技术创新的作用条件时，现有文献未考虑到专利交易渠道阻塞会影响专利的知识价值和担保价值，提高专利质押融资风险，影响银行接受专利作为担保品发放贷款的意愿和动机，最终制约专利质押对技术创新的作用。第五，已有研究多关注专利质押政策试点的经济效应，但并未考虑到该项政策的成本，亦未关注该政策的社会环境效应。

为此，本书拟从理论分析和实证检验两个维度，系统考察专利质押对企业创新与创业的影响、作用机制和条件，深入探究专利质押如何提升创业和创新的耦合效应，结合城市-行业层面和上市公司面板数据，对比专利质押对不同类型企业的异质性影响，探究技术交易市场环境和创业市场环境在专利质押促进创新创业过程中发挥的调节作用。在此基础上，进一步评估专利质押试点政策的成本与收益，从减污降碳视角考察专利质押试点政策的社会效应。本书的创新之处如下：

首先，本书将所有企业专利质押和技术创新数据加总到城市层面，并将非上市公司和上市公司样本进行对比分析，全面考察专利质押对技术创新的影响效果和作用机理，能够为专利质押纾困中小企业有效破解融资难题、激励技术创新提供经验证据。在此基础上，本书从双向信号机制的视角出发，剖析专利质押如何通过缓解企业、银行和风险投资公司之间的信息不对称，继而促进技术创新的机制，不仅丰富和拓展了专利质押促进技术创新的机制研究，更能够为进一步探索开展"政银投"合作，打通金融机构服务链条的堵点提供理论支撑。本书将专利可交易性和知识产权保护嵌入专利质押驱动创新的机制中，考虑两者对专利质押实施效果发挥的协同作用，为搭建技术专利转移转化和金融资本服务相融合的综合性服务平台提供理论参考。

其次，本书延伸了专利质押融资经济效应的研究边界，从金融创新视角拓宽创业的动因研究。作为资本与技术要素融合发展的重要形式，专利质押在推动科技创业、实现技术转化过程中发挥着重要的资金支持作用。本书以专利质押试点政策为自然实验，系统评价专利质押形成的创业效应，不仅能丰富专利质押经济效应的相关文献，也能从金融创新视角揭示创业的影响因素。同时，本书从风险借贷视角挖掘专利质押融资的功能，深入探析其分散创业风险的作用机制。本书从缓解融资约束和分担创业风险双重视角，剖析专利质押融资试点提升创业活跃度的机制，关注该政策如何通过"融资"和"引资"，弥补创业资金缺口，吸引风险投资，继而平滑创业风险，推动创业活跃度提升，不仅有助于盘活无形资产、实现专利"知本"向创业"资本"的转化，也能为探索新型的"投联贷""贷联投"模式提供理论依据。在此基础上，沿着"创贷—创业—创新"闭合循环链条，深入讨论专利质押融资试点的"靶向特征"及技术制度环境的约束作用，分析其创新创业联动效应，有助于完善创业生态，实现创新、创业和创造价值的循环。

再次，本书结合高新技术企业注册登记信息和高校基础研究数据，基于创新链视角下，系统评估专利质押试点政策的成本与收益，研究发现，专利质押试点政策能够激励科技创业，但也会对高校基础研究造成负面影响，政策的收益远超成本，丰富了科技创业与基础研究之间权衡的相关研究。同时，本书可以拓展专利质押影响效应的研究边界，丰富我国情境下技术转移转化影响因素的文献，有助于推动资本要素与技术要素的深度融合。不仅如此，本书的研究有助于优化政府政策，特别是以风险借贷和风险投资为代表的科技金融政策，发挥其在推动创新创业过程中的关键作用。本书分析专利质押融资试点政策通过鼓励风险投资、分担转化风险和延长经营轨道，促进创新成果转化的多重作用机制，不仅有助于理解专利"知本"如何转化为创新"资本"，也有利于积极探索"投贷联动"新模式。

最后，本书研究了专利质押对减污降碳的影响效应，为理解专利质押的绿色发展效应提供了更细致的解释，从金融创新和技术变革视角下丰富了减污降碳与绿色发展的影响因素研究，拓展了绿色发展驱动因素的研究边界。同时，深入研究专利质押通过鼓励绿色创新和激励环保创业两类机制，实现减污降碳效应，不仅有助于理解专利质押在创造新经济增长机会和提高绿色发展潜力等方面发挥的作用，还能丰富专利质押社会效应的研究，以便促进资本、技术和环境要素更深层次的融合。

## 二、研究不足

当然，本书仍然存在诸多不足之处：首先，囿于非上市公司财务数据不可得，本书的研究样本将所有企业专利质押和专利授权数据加总到地级市层面，控制变量选取城市层面宏观数据，控制变量不够丰富，可能会降低模型的拟合优度。其次，对于创新质量的衡量，国外前沿研究多采用专利的被引用数、知识宽度，但由于城市层面企业加总的专利被引数难以直接获取，本书只能以发明专利的授权代指高质量的创新活动。最后，本书在实证回归中使用的数据多为城市层面以及城市—行业层面的整体创新创业数据，但这些创新创业活动并非完全由专利质押所驱动，可能导致计量模型过高估计专利质押试点政策的效果。尽管本书在稳健性检验中，尝试识别由专利质押所推动的创新和创业活动，但识别精准度仍有待改善。

# 第二章

# 专利质押影响创新创业的理论分析

# 第一节
## 概念界定

### 一、专利质押

专利质押，是指企业或个人将拥有的专利权作为质押，向金融机构申请贷款的物权担保行为(李明星等，2013；张魁伟和许可，2014)。当债务人不能偿还到期债务时，债权人有权就折价、拍卖该专利权所得价款优先受偿。专利质押的标的物为专利权中的财产权，是一种无形财产权。因此，国家知识产权局将"专利质押"认定为"专利权质押"，是指为担保债权的实现，由债务人或第三人将其专利权中的财产权设定质权，在债务人不履行债务时，债权人有权依法就该出质专利权中财产权的变价款优先受偿的担保方式。① 由此可见，专利质押是以专利权中的财产权为担保的一种债务融资方式。

尽管在发达国家专利质押作为一种较为普遍的融资模式已有一百多年历史(王涛等，2016)，但在中国正式确立"专利权中的财产权可以质押"的合法性，则始于 1995 年颁布的《中华人民共和国担保法》。该法第一次明确专利权中的财产权可以作为质押客体。2007 年，《中华人民共和国物权法》对权利质押做出了较全面的规定，主要涉及专利权出质程序、出质后的许可及转让权等。专利权出质的立法，旨在帮助中小企业缓解因缺少不动产抵押而带来的融资难题，本质上是为了鼓励企业技术创新。专利权虽然具有高价值性，但作为一种无形财产权，必须通过转让、商业化和产业化等才能体现其价值，如果专利技术不应用于实践中，则其经济价值就很难计算。因此，专利权质押仍是一项信用风险较高的金融活动，债权人需要承担较大风险。

---

① 国家知识产权局，https://www.cnipa.gov.cn/art/2020/6/5/art_1553_99781.html。

## 二、技术创新

1912 年，经济学家熊彼特在《经济发展理论》一书中开创性地提出"创新"的概念，并在《商业周期》一书中建立了创新理论。熊彼特将创新定义为生产要素的重新组合，强调创新区别于发明的特征在于能创造新的价值、形成新的生产力。随后，国内外学者探讨了技术创新的概念内涵。Freeman（1979）将创新的外延拓展到发明、创新和扩散三个过程，创新的概念不仅包括新发明的引入，还涉及新发明的商业化应用，创新过程是从要素投入到创新产出，多阶段价值创造和传递的链条（余泳泽和刘大勇，2013）。广义而论，创新是企业对现有技术的改进或者颠覆性发明的过程，始于研究开发而终于市场实现（李垣，1992）。1999 年颁布的《中共中央 国务院关于加强技术创新，发展高科技，实现产业化的决定》将企业首次提升到我国技术创新的主体地位，提到"技术创新"是企业运用新知识、新技术，采用新的生产经营模式，开发新的产品，提高产品服务质量，占据市场实现市场价值的过程。

综上所述，技术创新不仅属于技术范畴，也属于经济范畴。广义的技术创新活动不能仅满足于初始的发明创造，还更应把先进前沿的科学技术引入经济活动中，以实现研发成果向现实生产力的转化。因此，本书将企业技术创新定义为企业通过研发活动，将研发成果转化为专利或新产品的过程，技术创新的目的是提高企业市场份额、获得经济效益。

## 三、创业与科技创业

熊彼特将创新定义为生产要素的重新组合，并将生产要素重新组合起来的过程称为"创业"，因而创业是将新产品、新发明和新工艺进行商业化应用，从而形成新生产力，创造新价值的过程。创业的核心是创新（Schumpeter，1934），狭义的创业则是指创办一家企业。创业能推动创新，促进技术进步和生产率提升，对长期经济增长至关重要（Glaeser et al.，2010）。

在众多创业形式中，与创新活动联系最为密切、有助于实现创新价值的是科技创业。作为产业化创新的重要方式之一，科技创业是指科技创新者以孵化的创新成果创办企业，通过创业实现科技创新成果的产业化（洪银兴，2016）。科技创业始于科技型中小企业创业，最终可能衍生出新的产业，是实现创新链和产业链深度融合的关键。但无论是创业还是科技创业都并非易事，初创企业面临着创新技术选择风险、转化风险、市场风险和财务风险等多重风险。尤其是在推动专利技术向商业化转化的过程中，初创企业常因资金短缺而难以跨越"死亡之谷"和"达尔文之海"（Woolley and Rottner，2008）。因此，在持续推进大众创业、万众创新的过程中，有效发挥金融资金支持作用至关重要。

## 四、创新链

熊彼特最早提出创新理论，将创新定义为生产要素的重新组合，强调创新区别于发明的特征在于其能创造新的价值、形成新的生产力。正是基于创新的复杂性和系统性（Nelson，1993；Rothwell，1994），基础研究、应用开发、创新商业化和产业化等一系列创新活动构成了一条环环相扣的创新链（吴晓波和吴东，2008；张其仔和许明，2020）。依据创新环节和主体的不同，诸多学者对创新链的阶段和结构进行分解和细化（Hansen and Birkinshaw，2007；洪银兴，2015；余泳泽，2015），本质都是以基础科学研究为源头，以技术商业化、产业化为终点的复杂集合（洪银兴，2017）。纵观创新链的上中下游环节，基础创新→应用创新→产业创新的创新成果转化问题（Balconi et al.，2010；蔡跃洲，2015）可归为如下三类：

第一，基础研究向应用研究的转化。基础研究与应用研究的区别在于研究动机、广度与溢出效应不同，但研究的连续性使依据动机区分研究类型极具挑战。

第二，应用研究向产业创新的转化。强调将新技术转化为新产品，通过商业化应用实现市场价值。已有研究采用专利转让、授权和衍生公司创办、企业销售成本和广告费用等数据，衡量该阶段的创新转化程度和能力；或采用专利授权量和新产品产值，结合三阶段 DEA 模型，测算创新转化效率。

第三，"双链"融合下创新转化的机制与通道。推动创新链各环节创新转化的机制包括产学研合作和科技创业（洪银兴，2016）。一方面，孵化器、博士后工作站、联合专利申请等不同形式的产学研合作能够推动创新成果转化，促进企业创新产出。另一方面，科技创业过程中风险投资有助于化解各类风险，推动新技术实现商业化应用。综上所述，推动中国创新链与产业链深度融合，应当促进"科学"到"技术"的顺畅转化。

# 第二节
## 相关理论概述

## 一、信息不对称理论

信息不对称是指当市场交易的一方无法监督、获知另一方的完全信息时，交易双方处于信息不对称的状态。信息不对称理论认为，在市场经济活动中，当交易双方所掌握的信息存在差异时，信息充足方在交易中处于有利地位，很可能利用自己的信息优势获益。信息不对称往往衍生出逆向选择和道德风险两类代理问题，造成社会资源配置的低效率。

信息不对称广泛存在于科技型初创企业、商业银行以及投资机构之间。由于企业的研发创新活动具有周期长、风险高、投资大等特点（钟腾和汪昌云，2017），企业研发活动的内在特征使企业研发投入的财务信息披露不完全（徐欣和唐清泉，2010），技术创新活动的信息不对称程度较高，企业的技术创新活动往往属于企业内部机密，涉及企业核心竞争力，企业高层担心遭遇泄密会影响企业的生产经营，信息披露的成本和风险较高，故高技术创新企业倾向于维持信息不对称的现状。然而，企业研发活动的内在特征及投资过程的信息不对称降低了商业银行作为债权人提供债务融资的动机，也抑制了风险投资机构的投资意愿，由此加剧了科技型初创企业的融资约束问题，阻碍了企业从事研发创新活动（张杰等，2017）。尤其对于周期长、风险高的创新项目，企业投资活动信息披露少，存在严重的信息不对称，导致外部投资者无法对企业创新项目的潜在投资价值以及企业技术创新能力进行准确评估，即使该项目有很好的发展前景，也无法得到市场认可，导致企业面临较大融资约束，进而影响到企业的创新活动。

对于"高科技+轻资产"的创新型中小企业而言，其核心竞争力通常是科技含量较高的专利或差异化明显的产品和服务，缺少可用于抵押的有形资产，无法满足商业银行传统贷款模式下的抵押担保条件。首先，专利质押中，专利是企业对外释放从事创新活动的重要信号，其价值在于能生成公开信息，继而替代借贷关系中的私人信息，降低贷款成本，并有助于企业进入银团贷款和资本市场。此外，银行和风险投资等金融机构不仅是这一创新信号的接收者，同时两类金融机构的相互作用也能够强化创新信号，缓解金融机构与企业之间的信息不对称问题。其次，作为一种银行信贷模式，专利质押融资的价格即借贷利率也能够提供有用的信息，反映专利的知识价值。银行贷款利率水平受到专利数量和价值影响，风险投资机构也能从专利质押的价格信息中获取相关信息，减少信息不对称，据此甄别创新风险。

## 二、搜寻摩擦理论

搜寻摩擦理论认为，市场中海量的需求与供给增加了信息的搜寻和匹配难度，且供需双方的需求可能存在异质性，买卖双方必须付出一定的搜寻成本才能找到参与交易的另一方。搜寻成本在一定程度上反映了该市场在匹配供需双方需求时的效率高低。搜寻和匹配的过程实际上是对现有市场信息的搜集和处理，搜寻摩擦带来巨大的无效率，使很多传统的经济规律失效(李三希等，2021)。搜寻摩擦不仅存在于劳动市场的供求，在金融市场和专利交易市场也适用。

专利交易市场存在搜索摩擦和交易摩擦，即寻找交易伙伴带来的搜寻摩擦和由于信息不对称等因素阻碍该交易顺利完成的交易摩擦。若摩擦成本超过专利交易收益，则将阻碍专利的转让和授权，影响专利清算价值(Williamson，1988；Shleifer and Vishny，1992)。因此，搜寻摩擦理论自然也可以拓展分析专利交易市场的供求、买卖价差与流动性。

提高信息搜集和匹配的效率、减少搜寻摩擦，依赖于市场机制的健全。因此，随着专利交易市场参与者数量和交易金额的增加，专利交易市场的流动性提高，有利于减少专利交易的搜寻摩擦，促进专利知识价值的发现，实现专利准确定价，从而减少专利质押融资过程中的事前评估和事后清算难题。

## 三、优序融资理论

Myers 和 Majluf(1984)基于信息不对称理论和信号传递理论，针对企业的融资顺序提出了优序融资理论。根据优序融资理论，当企业为其未来要投资的项目如技术创新活动进行融资时，通常遵循特定的融资顺序：首先，优先选择内源融资。其次，在选择外源融资时，企业更倾向于选择债权融资，股权融资是最后的选择。其背后逻辑在于，企业管理者选择融资方式的动机反映了企业内部的经济活动状况，企业进行股权融资将向外部传递负面信息。当项目存在可观收益时，代表企业股东利益的管理层通常不愿将过多收益转移至外部投资者手中，故当公司选择股权融资时，外部投资者通常认为该项目前景不太乐观，否则公司不会选择转移丰厚收益的股权融资筹措资金。而内源融资和债权融资则反映了企业持续向好的经营局面，这是因为企业内源融资的资金来自企业内部的自存资金，不需要支付融资费用，而选择债权融资的公司一般资产状况优良，整体上拥有不错的发展前景。

由优序融资理论可知，企业的创新创业活动易受融资约束影响。企业创新创业活动需要持续、稳定、充足的资金投入，仅靠内源资金难以维系，能否获得外源融资是支撑企业创新创业的关键（Hall，2002；解维敏和方红星，2011；张杰等，2012）。一般而言，科技型初创企业可通过债权融资和股权融资两类外源融资方式筹集创新创业资金，前者是通过银行贷款、债券发行、商业信用等形式向初创企业提供资金借贷，后者主要是指风投公司通过直接参股的方式投资于初创企业。在相对成熟的金融市场中出让股权吸引风险投资虽然是初创企业实现资金补给的第一选择，但债权融资可以避免股权稀释，因此受到众多初创企业的青睐，且初创企业对债权融资的依赖程度正呈不断攀升趋势（Robb and Robinson，2014）。在我国以银行为主导的金融体系下，初创企业尤其是科技型初创企业通过银行贷款缓解资金短缺问题却存在一定障碍。传统银行信贷模式下的债权融资一般需要固定资产抵押，科技型初创企业往往因为缺乏可以用来抵押的有形资产而无法满足商业银行传统信贷模式下的抵押担保条件（Brown et al.，2013），故从优序融资理论角度出发，专利质押融资能够打破传统银行信贷对有形资产作为抵押物的依赖，拓宽企业外源融资渠道，使初创企业优先选择债权融资成为可能，通过风险借贷缓解创新创业的融资难题。

### 第三节
# 专利质押影响创新创业的理论机制

## 一、专利质押影响技术创新的机制与条件

为创新型企业提供金融支持的风险主要表现为，信息不对称带来的信用风险和创新不确定性（Aboody and Lev，2000；张一林等，2016），因此减少信息不对称是创新融资面临的重要挑战。"高科技+轻资产"的创新型中小企业大多缺乏可抵押的固定资产，但持有技术含量较高的专利资产，而专利作为重要的无形资产，专利权人不仅可以通过专利技术的应用，创造利润实现知识价值，还可以利用担保价值在专利权上设定担保物权，为债权人提供担保，获得专利质押贷款（Mann，2018；李胜兰和窦智，2019）。而专利质押破解创新型企业融资困境的关键在于能否有效利用专利的担保价值和知识价值化解上述两类风险。一方面，专利质押融资可以发挥专利的担保价值，化解信用风险，缓解企业融资约束；另一方面，专利质押还能促进专利知识价值发现，通过双向信号机制，降低创新投资的不确定性，继而促进技术创新。在此基础上，进一步剖析专利可交易性和知识产权保护强度对于专利质押融资激励创新效应的调节作用。

### （一）专利质押影响技术创新的机制分析

#### 1. 缓解融资约束机制

企业可以通过股权融资和债权融资两类外源融资方式筹集研发投资，但创新活动对股权融资的依赖度超过债权融资（Brown et al.，2009；Kerr and Nanda，2015）。在我国以银行为主导的金融体系下，银行信贷作为企业的主要债权融资方式，一般通过抵押担保和违约清算，管理创新融资中的信用风险，但创新型企业常因缺乏抵押物，难以获得有效的资金支持（Brown et al.，2009，2013）。不仅如此，银行信贷回报与创新风险的非适配性，也导致其难以为高质量创新提供有效的资金支持（Allen et al.，

2005；张一林等，2016；钟腾和汪昌云，2017）。

而专利质押融资能够打破传统银行信贷对有形资产作为抵押物的依赖，发挥专利的担保价值，拓宽企业融资渠道，使那些缺乏抵押物的创新型企业能通过质押专利这类无形资产，获得银行资金支持，继而缓解企业融资约束，提高其从事创新活动的积极性。具体而言，当专利可以进行质押时，银行作为贷款人，能利用质押的专利化解信用风险，当借款企业难以偿还贷款时，银行有权处置该项专利，以专利残值抵补损失，强化其发放贷款的动机（Hochberg et al.，2018）。不仅如此，专利数量增加和专利价值的提高，能够降低银行贷款的利差水平（Chava et al.，2017）。企业作为借款人，能利用专利的担保价值，通过专利质押融资，降低研发项目融资难度，提高其获得融资的概率，缓解融资约束问题，提高企业研发投资，促进创新产出增加（Mann，2018；刘冲等，2019；郑莹和张庆垒，2019；孟祥旭和余长林，2021）。同时，企业仍保留对该质押专利的使用权，仍能将专利技术投入应用市场创造利润获得知识价值。因此，专利质押融资可以通过发挥专利的担保价值，管理信贷关系中的信用风险，缓解企业的融资约束，继而激励技术创新活动。

2. 双向信号机制

专利能为企业创新过程提供可信信号（Bhattacharya and Ritter，1983），其信号价值在于能生成公开信息，继而替代借贷关系中的私人信息，转换贷款人并降低贷款成本，有助于企业进入银团贷款和资本市场（Long，2002；Hottenrott et al.，2016；Saidi and Žaldokas，2021）。事实上，获得第一项专利能促进初创型企业从风险投资和银行等金融机构获得资金支持，继而实现后续的技术创新和业绩增长（Farre-Mensa et al.，2020）。由此可见，专利是银行等金融机构识别企业创新不确定性的重要信号，而专利质押则能促进专利知识价值的发现，释放专利的双向信号机制，有效缓解企业和银行、风险投资等金融机构之间的信息不对称，促进企业技术创新。

具体而言，初创企业与银行、风险投资之间存在着信息不对称问题，专利是企业对外释放从事创新活动的重要信号（Bhattacharya and Ritter，1983），银行和风险投资等金融机构不仅是这一创新信号的接收者，同时两类金融机构的相互作用也能够强化创新信号，缓解金融机构与企业之间的信息不对称问题。已有研究更加关注风险投资如何在专利质押融资中发挥中介作用，即风险投资对初创型企业提供的股权投资、扶持引导和监督管理等长期支持可以被视为一种可信承诺，能够有效解决专利质押融资中贷款银行与初创企业之间的信息摩擦问题（Hochberg et al.，2018）。在初创企业借款能力不足和风险资本有限的条件下，风险投资能够对初创型企业实施监督和管理，但贷款银行难以观测风险投资公司的上述监管行为，由此产生道德风险；只有在风险投资对该企业进行股权投资时，才能向借款银行传达其对初创企业实施监督管理的可信信号（Holmstrom and Tirole，1997）。股权投资作为一种可信承诺，能发挥类似于激励调整的作用，降低初创企业与贷款银行之间的信息不对称（Williamson，1988）。Nanda 和 Rhodes-Kropf（2016）结合模型推演风险投资机构支持初创型企业的隐含承诺如何影响贷款银行对贷款偿还的预期。Hochberg 等（2018）则发现风险投资的可信承诺能够提高初创企业获得专利质押贷款的概率。

与此同时，专利质押也能向外部投资机构传递企业有良好创新行为的信号，吸引风险资本的关注和投资，继而激励企业技术创新活动。Gompers 等（2009）发现，公开市场信号将影响风险资本的投资活动，当公开市场信号变得更有利时，拥有最多行业经验的风险资本投资增加投资最多。风险投资的投资者可以从公开股票市场中学习，获取有价值的信息，继而进行投资决策（Liu and Tian，2022）。事实上，价格是一种有用的信息来源（Hayek，1945），股票市场价格中提供的信息能够影响企业管理层行为（Stiglitz and Weiss，1981；Dow and Gorton，1997；Goldstein and Guembel，2008；Edmans et al.，2017；Bennett et al.，2020），风险投资可以从公开市场中学习的根源就是股票价格中蕴藏着有用信息。除了公开股票市场以外，作为一种银行信贷模式，专利质押融资的价格即借贷利率也能够提供有用的信息，银行贷款利率水平受到专利数量和价值影响（Chava et al.，2017）。因此，专利质押的贷款利率能反映专利的知识价值，而风险投资机构也能从专利质押的价格信息中学习，据此甄别创新风险。获得专利质押的企业亦能向风投机构传递积极的创新信号，吸引风险资本投资，而风险投资的介入不仅能够提供资金支持，也能够为初创企业创造价值，促进其技术创新活动（Da Rin et al.，2013）。

此外，专利质押能够逆向对企业创新活动形成信号激励和反馈效应。专利价值评估是专利质押中的重要一环（薛明皋和刘璘琳，2013），专利的担保价值与其知识价值密切相关。高质量专利的通用性和原创性强、技术含量高，难以被竞争对手模仿或超越，在技术市场上的应用能够获得持久和稳定的垄断利润。因此，高质量专利的质押风险较低，更能提高企业获得质押贷款的概率，降低质押贷款的利率水平（Fischer and Ringler，2014；Chava et al.，2017）。高质量专利更易于质押这一信号将激励企业从事高质量创新活动，专利的知识价值有利于其实现担保价值，从而实现专利质押与高质量创新活动的良性循环。因此，作为一种信号机制，专利质押能够逆向对企业创新活动形成正向激励。基于上述讨论，本书提出如下研究假说：

H1：专利质押融资能对企业技术创新形成正向激励作用。

H2：专利质押融资通过缓解融资约束和双向信号机制激励企业技术创新。

### （二）专利质押影响技术创新的约束条件

贷款银行一般通过资产抵押担保和违约清算，降低借款企业的违约动机，管理信用风险（Stulz and Johnson，1985）。在专利质押融资中，一旦借款企业无法按照事先约定偿还贷款，贷款银行有权对用于质押担保的专利进行处理和清算，以专利交易所得的清算价值偿还债务（张魁伟和许可，2014）。贷款银行对资产清算价值的预期将影响其放贷意愿，但专利交易市场存在搜索摩擦和交易摩擦，若摩擦成本超过专利交易收益，将阻碍专利交易，影响专利清算价值（Williamson，1988；Shleifer and Vishny，1992）。而专利交易市场化程度提高和流动性增强，能有效缓解信息不对称问题，买卖双方的交易摩擦降低、匹配效率提高，能够提高资产清算价值的预期（Hochberg et al.，2018；Han et al.，2021），继而增强银行贷款意愿（Benmelech and Bergman，2008，2009；Gavazza，2011）。因此，专利质押融资的前提是专利能顺利交易，否则当借款企业无法履行债务时，贷款银行也难以通过专利出售享有优先受偿权。同时，专利交易市场参与者数量和交易金额的增加、流动性的提高，有利于专利知识价值的发现，实现专利准确定价，使专利的知识价值能够有效转化为担保价值，继而确定合理的质押贷款利率，反映风险溢价水平。由此可知，专利可交易性能够合理提高清算价值的预期，保护贷款银行权益，增强其接受专利担保并提供贷款的意愿，强化缓解融资约束机制，进而促进企业技术创新。

此外，专利质押的实施效果还与制度环境密切相关，尤其是受到知识产权保护强度的影响。基于专利的知识价值将影响其在专利质押融资中的担保价值，在专利价值评估中应当考虑影响其知识价值实现的风险因素（李明星等，2013；钱坤等，2013），即自评估日到贷款结束，隐藏的与专利相关的风险，如专利被侵权、替代技术的出现使被评估专利知识价值下降的风险。其中，专利侵权将影响其知识价值实现，使专利质押价值降低。因此，知识产权保护强度的提高不仅能够促进企业增加研发投入，提高技术创新产出（李莉等，2014；吴超鹏和唐菂，2016；Fang et al.，2017），还能够降低专利侵权率，维持专利技术的垄断利润，保障专利的知识价值和担保价值，更有效地保护银行作为质权人的权益，增加银行等金融机构提供信贷支持的意愿和动机，强化缓解融资约束机制，进而促进企业技术创新（孟祥旭和余长林，2021）。基于上述讨论，本书提出如下研究假说：

H3：在专利市场可交易性和知识产权保护力度更强的条件下，专利质押对技术创新的促进作用更为明显。

## 二、专利质押影响创业活跃度的机制与条件

本书将首先从创业的资金困境和潜在风险的视角，阐释专利质押融资影响创业活跃度的理论机制。在此基础上，讨论在何种技术市场环境下，更有益于缓解专利质押融资的两难困境，以便充分释放其创业效应。最后，从行业和企业维度，讨论专利质押融资的异质性影响。

### （一）专利质押影响创业活跃度的机制分析

专利作为重要的无形资产，专利权人不仅可以通过专利技术的应用，创造垄断利润获得知识价值，还可以利用担保价值在专利权上设定担保物权，为债权人提供担保，获得专利质押贷款（Mann，2018；李胜兰和窦智，2019）。而专利质押破解初创企业融资困境、化解潜在风险的关键在于，能有效利用专利的担保价值和知识价值。一方面，专利质押融资可以发挥专利的担保价值，化解信用风险，缓解企业融资约束，提升企业在应对商业化受阻时的抗风险能力，使其可以支撑到下一轮风险股权投资；另一方面，专利质押还能促进专利知识价值发现，释放积极信号，吸引风险投资的介入，引导初创企业提升商业化能力，分散创业风险。

#### 1. 化解资金短缺困境

专利质押融资试点政策能够缓解初创企业融资约束，化解资金短缺困

境，提升创业活跃度。一般而言，初创企业可通过债权融资和股权融资两类外源融资方式筹集创业资金，前者是通过银行贷款、债券发行、商业信用等形式向初创企业提供资金借贷，后者主要是指风投公司通过直接参股的形式投资于初创企业。在相对成熟的金融市场中，出让股权吸引风险投资虽然是初创企业实现资金补给的第一选择，而债权融资可以避免股权稀释，也受到众多初创企业的青睐，且初创企业对债权融资的依赖度正呈不断攀升趋势（Robb and Robinson，2014）。但在中国以银行为主导的金融体系下，初创企业尤其是科技型初创企业通过银行贷款缓解资金短缺问题却存在一定障碍。银行贷款常通过抵押担保和违约清算等方式克服信用风险（张一林等，2016），但科技型初创企业的价值主要体现在专利等无形资产上，常因缺乏可抵押资产而无法满足商业银行传统信贷模式下的抵押担保条件（Denis，2004；Brown et al.，2013），因而面临严重的融资约束问题，导致创新创业驱动力和支撑力不足（Welter and Smallbone，2011；张龙耀和张海宁，2013）。

而专利质押融资作为一种新的融资方式，能打破商业银行传统信贷对有形资产抵押条件的依赖，实现专利权由知识价值向担保价值的转换，鼓励初创企业通过质押科技含量高的专利技术、差异化产品服务等无形资产获得贷款，不仅可化解商业银行贷款的信用风险，还能进一步拓宽企业融资渠道。一方面，初创企业能利用专利的担保价值，通过专利质押融资，降低研发项目融资难度，提高其获得融资的概率，缓解融资约束问题；同时，初创企业作为借款人虽然将专利质押给商业银行，但还能保留质押专利的使用权，继续使用专利技术创造垄断利润（Mann，2018）。另一方面，银行作为贷款人，在初创企业难以偿还贷款时，也有权处置质押专利，以专利残值抵补损失，强化其放贷动机（Hochberg et al.，2018）。不仅如此，专利数量增加和专利价值的提高，能够降低银行贷款的利差水平（Chava et al.，2017）。因此，当实施专利质押融资试点政策时，能缓解初创企业融资约束，提供创业资金支持，提升创业活跃度。

2. 分散创业风险

专利质押融资试点政策能吸引风险投资机构介入、分散创业风险、提升创业活跃度。对于科技型初创企业而言，之所以容易陷入资金短缺的困境，主要原因之一便是技术商业化需要前期投资，且项目失败风险和试错成本很高（Ljungqvist and Richardson，2003）。而专利质押融资试点政策不仅能提供资金支持，提升企业在应对商业化受阻时的抗风险能力，使其可以支撑到下一轮风险股权投资，还可以释放积极信号，直接吸引风险投资的介入，引导初创企业提升商业化能力，分散创业风险。

一方面，创业活动的潜在风险和试错成本高（Ljungqvist and Richardson，2003），往往存在较大的资金缺口，而创业成功的企业一般也需要风投机构进行多轮投资，而企业在下一轮次获得的风险投资金额往往被视为判断企业发展前景的标准之一（罗炜等，2017）。但问题在于，大部分初创企业可能难以经受住市场的考验，在下一轮风险投资到达之前已经无法存活，因而退出市场。作为一种债权融资模式，专利质押不仅能为初创企业提供资金支持，缓解企业的短期资金困境，提升企业应对技术商业化受阻或时机延误时的抗风险能力，还能避免企业因股权稀释带来的高额成本（Hochberg et al.，2018）。因此，专利质押融资常被视作能够延长初创企业经营跑道的一种融资方式。由此可见，专利质押融资能为企业提供资金缓冲，使初创企业有更长的时间寻找和选择合适的风投机构。若企业具有高成长性，可以在未来获得更高的估值，那么在获得同等股权投资金额的条件下，企业只需出让少量股权，从而使股权融资成本降低。

另一方面，专利信息作为企业技术创新的利好信号（Bhattacharya and Ritter，1983），能将借贷双方的私人信息转换为公开信息，降低企业贷款成本，吸引银团贷款和资本市场的关注和投资（Saidi and Žaldokas，2021）。可见，专利是银行和风险投资机构识别企业技术创新风险和经营不确定性的重要标准，而专利质押融资能有效缓解企业和银行、风险投资等金融机构之间的信息不对称。已有研究更加关注风险投资在专利质押融资中发挥的筛选作用，即风险投资机构对初创企业的投资和后续引导行为被银行视作筛选贷款企业的标准，能有效解决专利质押融资中贷款银行与初创企业之间的信息摩擦问题（Hochberg et al.，2018）。但事实上，商业银行对初创企业提供的专利质押融资，也能缓解风险投资机构与初创企业之间的信息摩擦，从而吸引风险投资机构对贷款企业进行股权投资。这是因为风险投资机构不仅可以从公开股票市场中获取价格信息（Liu and Tian，2022），还可以从银行借贷市场中的价格信息（即贷款利率）中学习，判断初创企业的专利质量和投资价值（Chava et al.，2017），从而进行有效的投资决策。此外，行业经验丰富的风险投资机构将对被投企业实行扶持引导和监督管理（Lerner，1995；Holmstrom and Tirole，1997；Hellman and Puri，2000），企业能够借助风投机构超强的资源网络，实现技术商业化落地，在一定程度上化解了创业风险（Hsu，2004；Hochberg et al.，2018）。基于上述讨论，本书提出如下研究假说：

H4：专利质押融资可以通过缓解初创企业资金短缺困境，吸引风险投资介入、分担创业风险的机制，提升创业活跃度。

### （二）专利质押影响创业活跃度的环境约束

前文已经阐述了专利质押融资通过缓解初创企业资金短缺困境和分散创业风险，推动创业活跃度提升的机制。然而，专利资产被用于质押融资的过程中，事前评估难和事后处置清算难的问题仍未能得到有效缓解。为此，本书进一步讨论在何种技术市场制度环境约束下，更能有效缓解专利质押融资的"两难困境"，以便充分释放专利质押的创业效应。

第一，专利交易市场的发展能有效化解专利价值的评估难和专利资产处置清算难的问题，强化专利质押融资的创业效应。在专利质押融资中，一旦借款企业无法按事先约定偿还贷款，银行有权对质押的专利资产进行处置清算，故资产预期价值将影响银行的放贷意愿。考虑到专利交易市场可能存在信息摩擦和搜寻摩擦，若摩擦成本超过专利交易收益，银行将难以通过专利处置清算弥补贷款损失（Williamson，1988；Shleifer and Vishny，1992）。而在专利交易市场发展较为完善、市场化程度更高的地区，交易双方摩擦更小、匹配效率更高，银行更容易通过专利出售控制信用风险，故其贷款意愿更强（Benmelech and Bergman，2009；Gavazza，2011）。同时，当市场专利交易的规模和金额增加，专利交易市场的流动性提高，市场能更有效发挥价值发现功能，促进专利价值发现，提升专利定价效率（Han et al.，2021），有助于专利质押融资事前的质押资产价值评估，能保障质押双方合理权益，故银行提供专利质押融资的意愿增强，从而有效缓解初创企业融资难、融资贵问题，鼓励企业创新创业行为。

第二，知识产权保护强度的提高，能有效保障专利作为质押资产的担保价值，缓解专利给商业银行带来的处置风险，有利于释放专利质押融资的创业效应。专利的知识价值能影响其在质押融资中的担保价值，从专利价值评估到专利质押融资结束的过程中，可能存在着替代技术、侵权盗用、权属纠纷等问题，因而存在较大的处置风险（李明星等，2013）。因此，专利的知识价值转换为担保价值的效果，与制度环境尤其是知识产权保护强度紧密相关。知识产权保护制度的完善，不仅能降低专利侵权盗用率，修正创新产出的正外部性，减少创业活动的制度性交易成本，还能激励企业技术创新和社会创业投入，形成良好的创新创业环境（李莉等，2014；吴超鹏和唐菂，2016；Fang et al.，2017）。同时，知识产权保护还能使专利技术的垄断利润得以维持，有效保障质押专利的知识价值和担保价值，维护银行等资金提供者作为质权人的合法权益，增加银行提供信贷支持的意愿，强化融资便利机制，促进社会创业活动（Mann，2018）。

第三，专利中介机构的发展能有效提升专利质押的效率，促进专利质押融资发挥创业效应。专利质押作为一种复杂性较高的金融活动，离不开专业化代理服务平台的建设（田力普，2011）。技术创新的各个环节虽然需要科学技术和知识信息的支持，但也涉及法律、经济、管理等方面（毛昊和陈大鹏，2015）。由于大多数发明创造者对有关法律规范、规章制度缺乏一定了解，导致无法按期完成各个环节工作，而专利代理人和代理机构可以接受委托按规定开展代理工作，成为整个专利工作体系有效运转的重要一环，对推动专利制度建设和发展、依法保护自主创新成果十分重要（曹美真，1988）。因此，专利中介机构的发展能够强化专利质押融资试点政策发挥的创业效应。

第四，风险分散机制的健全和完善，能够提高商业银行对信用风险的管理能力，继而强化专利质押融资的创业效应。专利质押是以无形资产为质押物，这意味着债权人即商业银行的事前事后风险均显著增加（余明桂等，2022）。当进行专利质押的借款企业难以偿还贷款时，银行有权出售被质押的专利，抵补其部分的资产损失。但实际上银行很难处置专利等无形资产质押物，专利质押仍然是一项信用风险较高的金融活动，离不开规范化风险管理体系的建设（田力普，2011）。当风险与收益不对称时，完全由市场主导的融资担保机制可能难以保障资金的有效供给（冯涛等，2011），这就要求政府设立风险补偿基金作担保，调动更多社会资源参与，以推动专利质押融资的可持续发展，在一定程度上解决质权人后顾之忧，激励商业银行为其发放贷款，鼓励初创企业进入市场（张海洋和颜建晔，2020）。基于上述讨论，本书提出如下研究假说：

H5：专利质押融资的创业效应离不开技术市场制度环境发挥协同作用，在专利交易市场、知识产权保护、专利代理机构和风险补偿机制发展更为完善的地区，专利质押对创业活跃度的正向影响更为明显。

### (三)专利质押对创业活跃度的异质性影响

由于不同类型企业对专利质押融资的依赖度不同，各行业的专利密集度亦存在显著差异。因此，本书尝试分析专利质押融资对不同类型的企业和行业创业活跃度的异质性影响。

首先，各类企业对外源融资的依赖度、对创新的敏感度不同，因此专利质押融资对各类企业创业活跃度的影响存在差异。创业是一项前期投入大、风险高的经济活动，资金约束是阻碍创业行为选择的重要因素(Welter and Smallbone，2011)。一方面，国有企业由于天然的制度背景优势，在专利质押融资尚未推出或发展尚不健全之前，相对容易得到相关政策保护，能以较低成本获得大型商业银行的信贷资源，因而受专利质押融资试点政策的影响较小(王海成和吕铁，2016；梅冬州等，2022)。另一方面，国有企业往往受行政准入壁垒和政府购买的保护，新创企业进入困难，市场竞争压力较小，企业专利研发动力不足(Dreher and Gassebner，2013；Alfaro and Chari，2014)，因而专利质押融资试点政策产生的冲击效果较小。而与之相对的是，民营企业特别是中小微企业常面临较大的融资困境，且创新活力强、市场敏感度高。专利质押融资试点政策能促进初创企业以新技术为质押资产获得债权融资，这不仅能激发企业创新动力，而且能缓解科技型的中小微企业、民营企业面临的金融歧视，弥补其技术研发、市场开拓等启动投入的资金缺口(陈长石等，2022)。

其次，各类行业的专利密集度不同，专利质押融资对不同行业的创业活跃度将形成差异化影响。一般情况下，服务业对研发创新的需求较小、依赖度较低，企业价值实现更多依赖于营销、管理等手段。因此，在政策吸引力和排斥力的共同作用下，相较于制造业，专利质押融资试点政策对服务业产生的创业效应略显不足。同样地，高技术产业往往需要通过生产要素重新组合(Saniee et al.，2017；Lin et al.，2018)、产品服务转型升级(黄赜琳等，2022)、工艺技术智能创新(韩峰和阳立高，2020)等多种技术创新形式实现企业"增量提质"。正是因为高技术产业的专利技术和创新密集度高，该行业需要持续不断的研发投入，对外部融资的依赖度很高。因此，高技术产业的初创企业更能借助专利质押融资试点政策，有效利用专利等无形资产获取银行的债权融资支持，从而突破创业的资金瓶颈。基于上述讨论，本书提出如下研究假说：

H6：专利质押对高技术产业和民营企业创业活跃度的正向影响更为显著。

## 第四节
## 专利质押影响创新转化的理论机制

面向创新链和产业链深度融合的新需求，本书从创新转化的视角剖析专利质押的收益和成本。一方面，本书以科技创业识别从应用创新到产业化的创新成果转化，以讨论专利质押的经济效益；另一方面，本书分析专利质押作为风险借贷对基础研究形成的挤出效应，据此评估专利质押的成本，系统分析专利质押对创新成果转化的总体作用效应。

## 一、专利质押对科技创业的激励机制

### （一）促进科研人员在职创业

政府通过设立研发补贴计划和资助风险投资等形式，在推动中小企业创新、创新成果转化和带动就业等方面发挥着重要作用。例如，美国的小型企业创新研究计划（SBIR）、中国的政府引导基金和英国的小企业研究计划（SBRI），在激励科技创业方面发挥了至关重要的作用（Brander et al.，2015；Howell，2017；Babina et al.，2023）。现有文献重点关注政府出资设立的风险投资对创新、创业和就业的影响。Lerner（2000）研究了 SBIR 资助的高科技公司的长期业绩，发现这些企业就业和销售增长趋势明显。Audretsch 等（2002）发现 SBIR 促进了研发创新和技术商业化进程，受该项目资金资助的研发创新所产生的净社会效益是巨大的。Howell（2017）发现美国 SBIR 项目的早期奖励能使企业后续获得风险投资的概率增加一倍，并对企业专利申请和收入产生了巨大的积极影响。Tian 和 Xu（2022）研究表明，中国国家高新区能通过提高资金可得性、减轻行政负担和促进人才培养等机制，对当地的创新产出和创业活动产生了积极影响。

尽管已有研究主要关注政府设立风险投资，通过股权融资方式对创新创业产生的影响，但专利质押作为一种政府补贴的风险借贷，对科技创业和基础研究可能产生相似作用。科技创业与基础研究之间存在着密切关系：一方面，考虑到科研人员对科技创业活动的深度参与，科技创业者经常出现在大学或研究机构中；另一方面，与"明星"企业家合作过的研究团队更有可能利用其科技成果发起创业活动（Marx and Hsu，2022）。积极推广和实施专利质押融资，将提高在职科研人员通过专利质押获得贷款的预期，为后续科技创业活动提供债务融资。研究人员在决策时面临着科技创业和基础研究之间的权衡（Toole and Czarnitzki，2010；Shimizu，2019），如何权衡促进科技创业的收益和挤出基础研究的成本，对于发挥专利质押对科技创新成果转化的促进作用至关重要（Gertner，2013）。

### （二）分散科技创业风险

一是吸引风险投资进入。专利作为重要的无形资产，专利权人不仅可以通过专利技术的应用，创造垄断利润获得知识价值，还可以利用担保价值在专利权上设定担保物权，吸引风险投资的介入（Mann，2018）。一般而言，初创企业可以通过债权融资和股权融资两类外源融资方式筹集创业资金，但科技型中小微企业的价值主要体现在专利等无形资产上，常因缺乏可抵押资产而无法满足商业银行传统信贷模式下的抵押担保条件（Denis，2004；Brown et al.，2013），因而面临严重的融资约束问题，导致创新创业驱动力和支撑力不足（Welter and Smallbone，2011）。而专利质押融资能打破商业银行传统信贷对有形资产抵押条件的依赖，鼓励高新技术企业通过质押科技含量高的专利技术、差异化产品服务等无形资产获得贷款，化解商业银行债权融资难题（Robb and Robinson，2014）。此外，专利信息作为企业技术创新的利好信号（Bhattacharya and Ritter，1983；Gambardella，2023），能将借贷双方的私人信息转换为公开信息，缓解信息不对称，吸引银团贷款和资本市场的关注（Saidi and Žaldokas，2021；Liu and Tian，2022），进一步拓宽企业融资渠道，吸引风投进行股权投资。

二是延长经营跑道和下一轮股权融资的时点。创业过程中较高的潜在风险和试错成本（Ljungqvist and Richardson，2003）往往存在较大的资金缺口，而初创企业一般需要风险投资机构进行多轮投资，在下一轮次获得的风险投资金额同样也被视为判断企业发展前景的标准之一。但大部分初创企业可能难以经受住市场的考验，在下一轮风险投资到达之前已经无法存活，因而退出市场。而作为一种债权融资模式，专利质押能为初创企业提供资金支持，缓解企业的短期资金困境，提升企业应对技术商业化受阻或时机延误时的抗风险能力（Hochberg et al.，2018）。由此可见，专利质押融资能在避免股权稀释产生高额成本的基础上，为企业提供资金缓冲，使初创企业有更长的时间寻找和选择合适的风险投资机构。此外，经验丰富的风险投资机构也将对被投企业实行扶持引导和监督管理（Holmstrom and Tirole，1997），企业能够借助风投机构超强的资源网络，促进技术的商业化落地，在一定程度上化解创新转化风险（Hsu，2004；Hochberg et al.，2018）。

## 二、专利质押对基础研究的挤出机制

尽管大量研究发现政府资金确实能够促进中小企业科技创新，推动科技创新成果转化（Howell，2017；Lerner，2000；Audretsch et al.，2002；Tian and Xu，2022），但这些文献更多地强调政府资金支持的积极影响，较少关注政府资金支持政策的成本。作为一种政府补贴的风险借贷，专利质押对科技创业的积极影响及其对基础研究的挤出效应，归根结底与科研人员的决策和研究机构的人才流失存在紧密联系。考虑到研究人员是创业活动中的重要参与者，科技创业者常出自高等院校或研究机构。研究人员面临着科技创业和基础研究之间的两难抉择（Toole and Czarnitzki，2010；Shimizu，2019），促进科技创业的收益和挤出基础研究的成本将决定研究人员决策的社会效益（Gertner，2013）。

基于科技创业和基础研究之间的权衡关系，政府资金在激励创新创业的同时，也可能对基础研究形成挤出效应。Czarnitzki 和 Toole（2010）根据美国的小型企业创新研究计划（SBIR）的信息，发现选择创建或加入营利性公司的生物医学科学家，其研发效率更高，但学术生产率会下降。而这背后的原因在于，科研人员的时间和精力是有限的，在其参与营利性企业的商业化过程中，科研人员在科学知识生产过程中投入的时间和精力自然减少，因而将对非营利性研究部门的知识生产产生较大的负面影响（Toole and Czarnitzki，2010）。Shimizu（2019）以激光二极管行业为例，美国政府实施SBIR后，与日本相比，美国激光二极管行业基础技术后续开发的可能性降低。同时，SBIR 项目资助的衍生创业企业促进了次级市场发展，但这并不一定有利于基础技术的后续发展。SBIR 项目能促进创业企业的研发人员"低果先摘"。但实际上美国政府通过投资于新兴、通用技术，承担企业创新的大部分社会成本，在培育创业企业可摘的"低果"时发挥着重要作用。基于上述讨论，本书提出如下研究假说：

H7：专利质押能促进科研创业，但也将对基础研究形成挤出效应。

## 第五节
## 专利质押实现减污降碳效应的理论机制

面向可持续发展和"双碳"目标，本书进一步研究专利质押对环境污染治理的外部效应，分析其通过促进绿色创新和激励环保创业，继而减少污染和降低碳排放的理论机制。

### 一、促进绿色创新

专利质押作为一种创新型融资方式，企业可以通过质押专利获得债务融资，进而增加研发创新支出，促进企业技术创新（Mann，2018）。不仅如此，技术交易市场的活跃度与专利质押融资密切相关，尤其是对于拥有更多可重新配置的专利资产的初创企业而言，技术交易市场的流动性越高，企业获得专利质押贷款的可能性越大（Hochberg et al.，2018）。这是因为阻碍企业专利质押融资的市场摩擦主要表现为搜寻成本和清算价值，当技术交易市场的流动性提高时，专利技术的搜寻成本降低，专利的清算价值提高，专利质押更有益于促进创新和经济增长。专利质押确实能够促进技术进步，尤其是对于更开放的专利质押物和更高质量、更具有创新的专利（De Rassenfosse and Palangkaraya，2023）。在绿色金融和 ESG 的理念下，金融体系更倾向于为绿色或环保产品提供资金支持，因而企业研发和质押绿色专利更有可能获得金融资源支持。因此，专利质押作为一种金融创新，不仅可以实现专利市场价值，解决无形资产质押难题，缓解企业资金短缺困难，还能进一步激励企业绿色创新。绿色技术创新在破解经济增长和污染减排两难困境时发挥的关键作用早已在研究和实践中得到充分验证（Acemoglu et al.，2012；王林辉等，2020）。因此，专利质押能通过促进绿色创新，实现污染减排效应。

## 二、激励环保创业

在加快实现可持续发展和"双碳"目标的背景下，推动绿色金融与科技金融协同发展势在必行。专利质押支持创新创业的作用亦将出现"绿色"偏向和"环保"倾向，即不仅能促进技术创新，提高经济增长潜力，还可以加快推动经济结构绿色转型，在实现绿色可持续发展方面发挥着关键作用。专利质押不仅能够促进绿色创新，还能将专利"知本"转化为创业"资本"，促进技术要素和资本要素的融合与发展，进一步激励环保创业，并实现绿色可持续发展。

上文已经阐明专利质押融资可通过化解创业的资金短缺困境和分担创业风险等机制，提高创业活跃度。这一作用机制的核心在于，银行向初创企业提供专利质押融资时，也可传递初创企业专利质量和投资价值的信息，缓解风投机构与初创企业之间的信息摩擦（Chava et al.，2017），从而吸引风投机构对初创企业进行股权投资。而当初创企业将绿色专利出质获得贷款时，不仅能够释放企业创新能力强的信号，更能彰显企业的绿色创新能力和环保意识。在中国政府对环境问题重视程度日益提升的当下，各地政府积极加大环境污染治理等绿色投资（黎文靖和郑曼妮，2016）。在此背景下，企业质押绿色专利能够释放环保信号，从而帮助企业获得环保补贴等资源。基于此，创新创业者进行绿色技术创新活动，并通过环保创业将绿色创新成果进行商业化和产业化，不仅能够获得专利质押的债权融资，还可以获得风投机构的股权投资，以及政府环保补贴等支持，通过"证银投"解决创业的资金短缺问题，也极大地分散了创业风险。因此，专利质押可通过激励环保创业，实现减污降碳效应。当然，专利质押能否真的实现减污降碳尚待深入考察。基于上述讨论，本书提出如下研究假说：

H8：专利质押能通过促进绿色创新和激励环保创业双重机制，实现减污降碳效应。

# 第三章

# 中国专利质押与创新创业的
# 政策背景与特征事实

# 第一节
## 专利质押的政策背景

### 一、专利质押的政策试点

专利质押，是指企业或个人通过将价值评估后的专利作为质押品，从金融机构获取贷款融资(张魁伟和许可，2014)，若债务人不能偿还到期债务，债权人有权就专利价值优先受偿的一种融资方式①。在发达国家，专利质押融资作为一种较为普遍的融资模式已有一百多年历史(王涛等，2016)，而中国于1995年颁布《中华人民共和国担保法》，其中明确规定专利权中的财产权可作为质押客体，此后专利质押开始进入大众视野(薛明皋和刘璘琳，2013)。

为进一步推进和深化专利质押融资业务，1996年，原中国专利局颁发了《专利权质押合同登记管理暂行办法》。2010年，国家知识权局施行《专利权质押登记办法》。此时，国家知识产权局自2008年起先后分5批公布开展专利质押融资试点工作的地区(见表3-1和图3-1)以提高专利质押融资的可操作性。此外，政府还出台了《国家知识产权战略纲要》《国务院关于进一步促进中小企业发展的若干意见》《关于加强专利质押融资与评估管理，支持中小企业发展的通知》《关于加快培育和发展知识产权服务业的指导意见》《关于商业银行知识产权质押贷款业务的指导意见》《关于抓紧落实专利质押融资有关工作的通知》等一系列政策以规范和完善知识产权质押制度、强调专利质押融资的重要性。

---

① 国家知识产权局，网址 https://www.cnipa.gov.cn/art/2020/6/5/art_1553_99781.html。

表 3-1　专利质押融资的试点名单

| 批次 | 时间 | 试点名单 |
|---|---|---|
| 第一批 | 2008 年 | 北京海淀、吉林长春、江西南昌、湖南湘潭、广东佛山、宁夏 |
| 第二批 | 2009 年 | 四川成都、广东广州、广东东莞、湖北宜昌、江苏无锡、浙江温州 |
| 第三批 | 2010 年 | 上海浦东新区、天津、江苏镇江、湖北武汉 |
| 第四批 | 2012 年 | 安徽蚌埠、山东潍坊 |
| 第五批 | 2016 年 | 青岛市、深圳市、沈阳市、长春市、济南市、本溪市、常州市、连云港市、湖州市、新乡市、襄阳市、常德市、郴州市、珠海市、惠州市、中山市、江门市、桂林市、德阳市、泸州市、黔东南苗族侗族自治州、昆明市、玉溪市、银川市、青铜峡市、北京市朝阳区、重庆市北碚区、海门市、界首市、晋江市、共青城市、瑞昌市、钟祥市、天津新技术产业园区武清开发区、萍乡经济技术开发区、烟台高新技术产业开发区、郑州高新技术产业开发区及国家知识产权创意产业试点园区、武汉经济技术开发区、重庆高新技术产业开发区 |

注：试点包括 2008 年、2009 年、2010 年、2012 年和 2016 年共 5 批。

资料来源：笔者根据国家知识产权局相关数据整理所得。

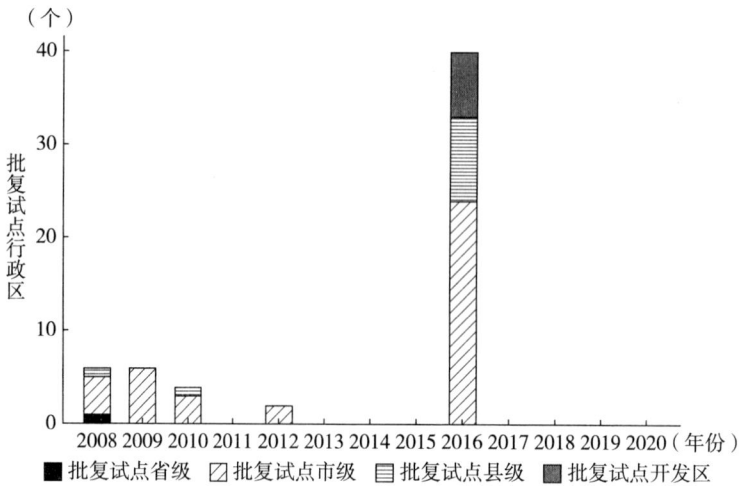

图 3-1　专利质押融资试点行政区批复进程

注：图中仅显示历年新增的试点地区，由于上述试点分 5 批开展到 2016 年截止，因而 2016 年后无新增试点。

资料来源：笔者根据国家知识产权局相关数据整理所得。

# 二、专利质押的模式

目前，中国的专利权质押可分为三类模式：以市场为主导的直接质押模式、以政府为主导的间接质押模式、政府引导的直接和间接混合的模式。

### （一）直接质押模式

直接质押模式是指企业直接以专利权向商业银行质押融资的贷款模式，无担保公司参与，政府介入较少。北京是这种专利质押模式的代表地区，北京模式以银行创新为主导，律师事务所、评估机构不仅需要对专利权的法律权属和质押价值进行评估，还需承担相应的担保责任。该模式的缺点是贷款门槛高、风险大，一旦发生坏账，银行和中介机构损失巨大。由于风险高，企业需要承担的评估费用、律师费用相应增加，占贷款总额12%以上，降低了企业的融资意愿。这类模式的共同点是"无担保、无实物抵押、风险共担"。

### （二）间接质押模式

间接质押模式是指企业利用专利权融资时，商业银行需要担保公司提供相应担保，同时要求企业以企业信用和专利权作为反担保的融资模式，在这过程中，政府通过设立政府担保基金或政策性担保机构来支持专利质押融资。这种模式的代表为上海浦东新区，浦东新区政府通过科技发展基金每年向浦东生产力促进中心提供2000万~4000万元的专项担保资金，以此为企业提供融资担保，同时要求企业以专利权进行反担保。这种融资模式可以简称为"银行+政府基金担保+专利权反担保"的间接质押模式。政府作为主导方，充当了"担保主体+评估主体+贴息支持"等多重角色。

### （三）混合模式

混合模式是在以上两种模式基础上的创新模式，这种模式的代表是武汉。如图3-2所示，政府以一种较为中性的方式参与到专利权质押融资交易中，武汉市知识产权局与财政局合作对拟采用专利权质押的中小企业提供贴息扶持，引入武汉科技担保公司作为专业担保机构为企业专利质押提供担保，推出"银行+科技担保公司+专利权反担保"混合模式，在一定程度上分散了商业银行的信用风险，促进了武汉市专利权质押融资的发展。

当前，中国专利权质押融资仍处于发展阶段，从长远来看，需要建立以市场为导向，政府搭平台，商业银行和企业为主体的专利权质押融资体

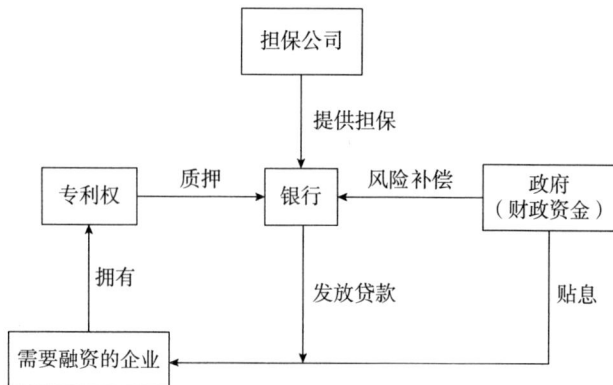

图 3-2　专利质押混合模式

系。政府既不宜做"大掌柜"，也不宜做"甩手掌柜"，而是应当扮演为银企双方服务的角色，积极完善制度建设和政策法规，搭建专利权的交易平台，降低企业专利质押融资服务成本，继而更好地让专利质押助力企业纾困。

## 三、专利质押的发展状况

随着国家专利质押融资试点范围的逐渐扩大、政府激励政策支持力度的不断深化，中国专利质押的数量规模和融资金额均高速增长（见图 3-3）。专利质押总数从 2008 年的 229 件增长至 2020 年的 39736 件，增长近 174 倍，年均增长率高达 53.7%；专利权质押的融资金额从 2008 年的 13.8 亿元增长至 2020 年的 1558 亿元，扩大近 113 倍，年均增长率高达 48.3%①。同时，专利质押作为一种全新的融资渠道，能缓解中小微企业资金周转困难，为科技型初创企业提供融资支持。如图 3-4 所示，非上市公司的专利质押数量远高于上市公司，约为后者的 18 倍。由此可见，专利质押融资试点政策能够缓解初创企业的资金短缺问题，帮助初创企业延长经营跑道，延长下一轮股权融资时点，在提高企业估值的同时降低创业风险，这也为进一步系统评估专利质押融资试点政策的创业效应提供事实依据。

---

① 笔者根据国家知识产权局和 incoPat 全球专利数据库相关数据整理所得。

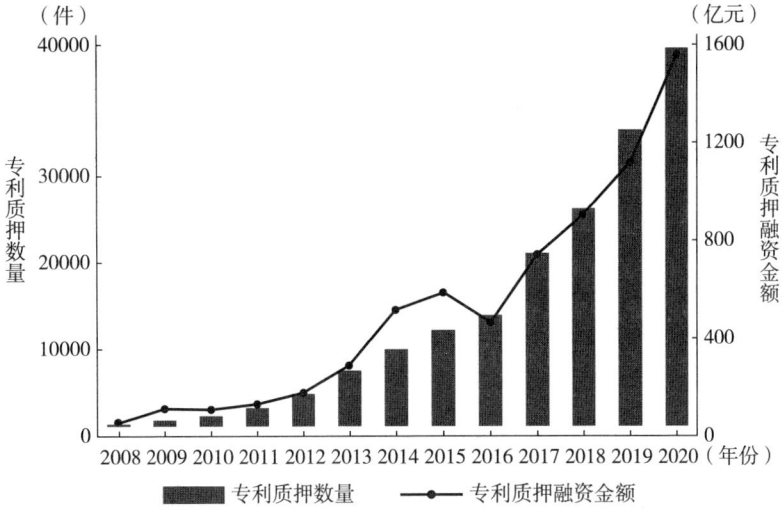

图 3-3　专利质押数量及融资金额变化趋势

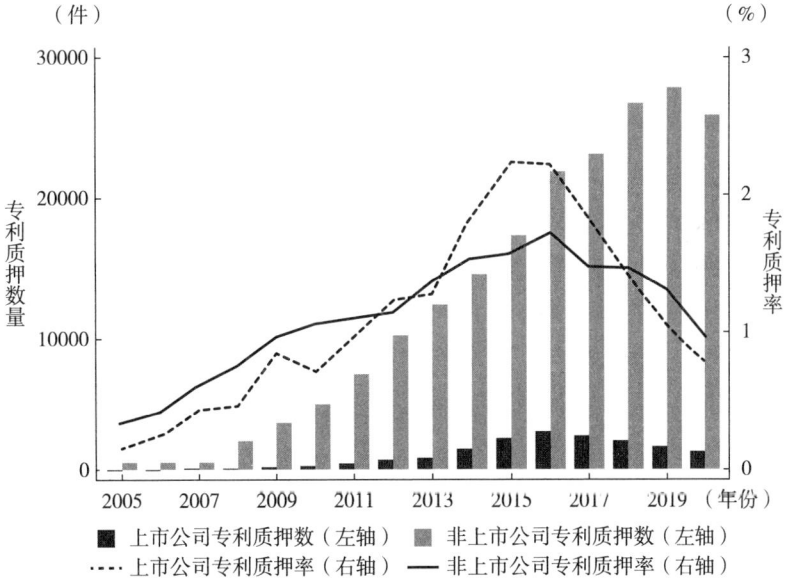

图 3-4　各类企业专利质押数及质押率变化趋势

注：专利质押率=专利质押数/专利授权数。

资料来源：笔者根据国家知识产权局和 incoPat 全球专利数据库相关数据整理所得。

第二节

# 专利质押与创新创业的特征事实

## 一、专利质押与技术创新的数据特征

图 3-5 为 2006~2023 年中国所有企业申请的各类型专利参与专利质押的情况。从专利质押的类型来看，专利质押以发明专利和实用新型专利为主，几乎每年合计占比均超过 90%，外观设计专利质押数极少，这主要是因为发明专利和实用新型专利的技术含量、市场价值一般高于外观设计专利，以此作为质押标的可提高担保价值，降低专利质押贷款风险。

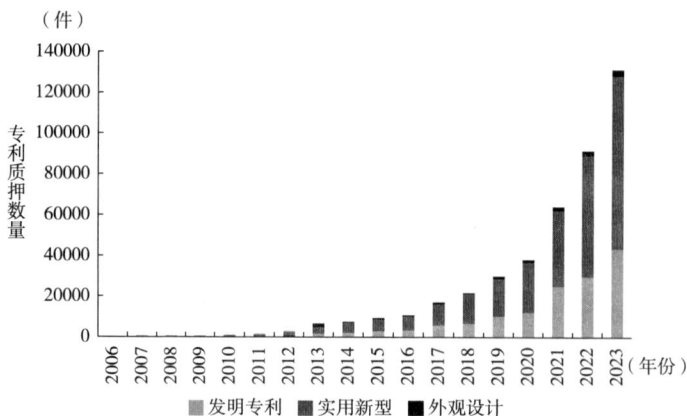

**图 3-5 历年各类型专利质押数量**

资料来源：笔者根据国家知识产权局和 incoPat 全球专利数据库相关数据整理所得。

三类专利质押数量中，实用新型专利占比最高，考虑到这可能只是因为已被授权的各类型专利中实用新型专利数量占比本就最高(见图 3-6)，仅用各类型专利质押的绝对数量无法准确反映企业专利质押的真实情况。为了深入探究哪类专利更易于质押，本章进一步统计了各类专利的质押率。专利质押以专利授权为前提，专利质押率即所有企业在各年份申请的专利中在之后年份被质押的专利数占被授权的专利数的比重。由图 3-7 可知，发明专利质押率在三类专利中最高，说明发明专利更易于质押融资（王元地和胡谍，2015）。相较外观设计专利和实用新型专利，发明专利授权需经过实质性审查，往往稳定性更高、保护周期更长、创新程度更高，专利价值也相应更高（陶锋等，2021），即高质量的专利更容易通过专利质量评估，从而进入专利质押市场。

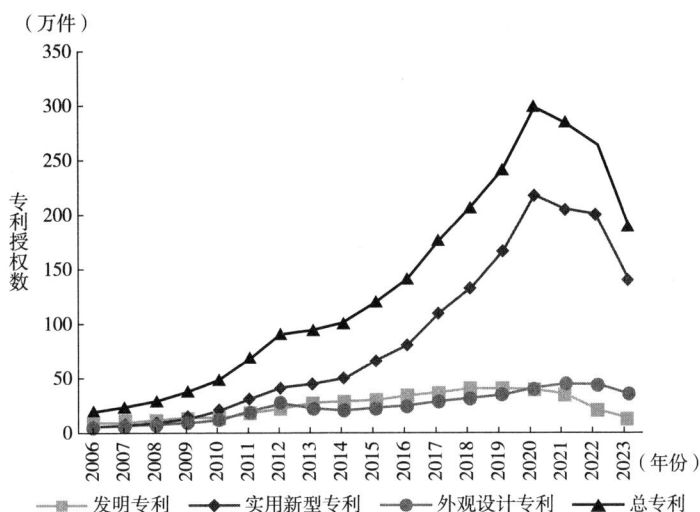

图 3-6 中国企业专利授权情况

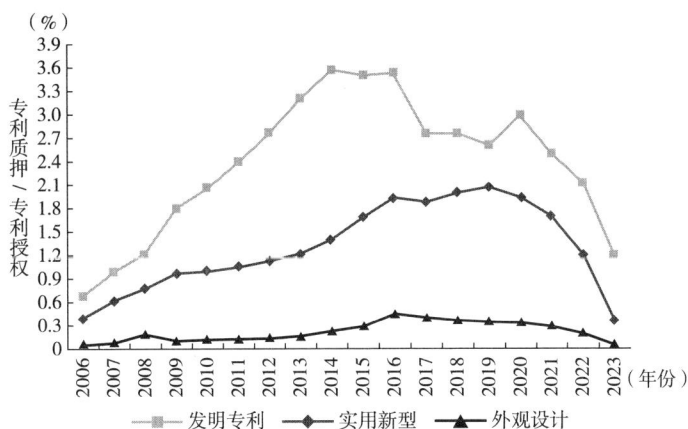

图 3-7 各类型专利质押率

资料来源：笔者根据国家知识产权局和 incoPat 全球专利数据库相关数据整理所得。

此外，在图 3-7 中还可以看到，专利质押率在 2006~2014 年逐年增加，且发明专利质押率增长得最快，说明越来越多的专利参与到了专利质押中，越来越多的企业在专利质押融资贷款中受到了正向激励，不仅使专利质押市场不断扩大发展，也能促进企业更多从事高质量创新，以便更易于获得专利质押融资。不容忽视的是，专利质押率还较低，发明专利质押率不到 2.5%，专利质押市场仍有很大的发展空间。图 3-7 中近几年专利质押率下降的原因可能主要是专利质押和专利授权存在右截断问题，一项专利从申请到授权往往需要 1~3 年的时间，而专利授权到专利质押往往还需要几年时间，因此近几年被授权的专利可能还会在未来被质押。

## 二、专利质押与创业活跃度的数据特征

随着专利质押融资政策的渐进式推进，试点城市的创业活跃度也产生了明显变化。图 3-8(a) 绘制了不同时间获批为试点的城市创业活跃度与非试点城市的变化趋势对比：其中，纵轴为城市创业活跃度，分别以城市—行业层面的新创企业总数均值和每千人新创企业数衡量，虚线代表非试点城市(对照组)，实线代表试点城市(实验组)，横轴为时间年度，竖线 x＝2008 年、x＝2009 年、x＝2010 年、x＝2012 年、x＝2016 年分别代表不同批次专利质押融资试点政策冲击。

可以看出，对于任意一批次的政策冲击而言，在政策施行前，试点城市和非试点城市的变化趋势基本一致；而在政策冲击后，相对于非试点城市，试点城市的创业活跃度提升速度更快，增长趋势更陡峭，两者之间的创业活跃度差距不断扩大。而图 3-8(b) 中的实线和虚线则分别表示试点城市和非试点城市去均值的创业活跃度，同样反映试点城市和非试点城市的创业活跃度在政策冲击前存在稳定差距，在政策冲击后两者的差距不断扩大。上述变化趋势图能初步证明专利质押融资试点政策带来的创业效应，且这一效应短期内并未消减，但两者的切实因果关系有待更为翔实的实证检验。

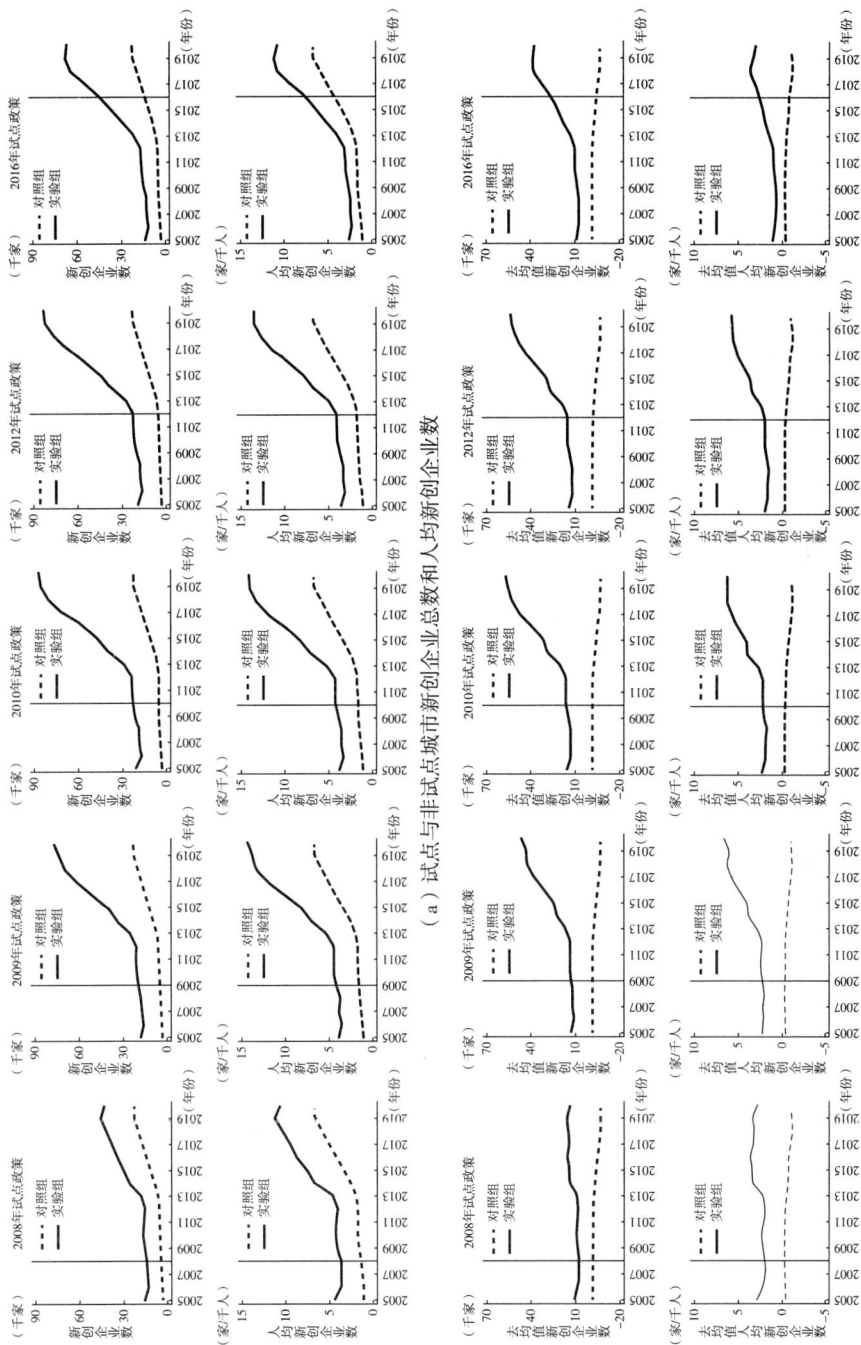

（a）试点与非试点城市新创企业总数和人均新创企业数

（b）试点与非试点城市去均值新创企业总数和去均值人均新创企业数

**图3-8　试点与非试点城市创业活跃度的变化**

资料来源：笔者根据天眼查工商注册数据检索平台相关数据整理所得。

第三节

专利质押与创新转化的特征事实

## 一、专利质押与科技创业的数据特征

随着专利质押融资政策的渐进式推进，试点城市的科技创业也发生了明显变化。图 3-9（a）绘制了不同时间获批为试点城市的科技创业与非试点城市的变化趋势对比：其中，纵轴为城市层面的科技创业数量，以城市—行业层面的新创高新技术企业总数均值衡量[1]，虚线代表非试点城市（对照组），实线代表试点城市（实验组），横轴为时间年度，竖线 x = 2008 年、x = 2009 年、x = 2010 年、x = 2012 年、x = 2016 年分别代表不同批次专利质押融资试点政策冲击。

可以看出，对于任意一批次的政策冲击而言，在政策施行前，试点城市和非试点城市的变化趋势基本一致；而在政策冲击后，相对于非试点城市，试点城市的科技创业活跃度提升速度更快，增长趋势更陡峭，两者之间的差距不断扩大。对比图 3-8 中试点城市和非试点城市的创业活跃度，同样反映两类城市的科技创业水平在政策冲击前存在稳定差距，而在政策冲击后两者的差距不断扩大。上述变化趋势图能初步证明专利质押融资试点政策带来的科技创业效应，且这一效应短期内并未消减。

在此基础上，图 3-9（b）进一步对比了专利质押试点城市和非试点城市，在政策实施前 4 年和后 4 年科技创业活动的发展趋势：其中，纵轴为科技创业的活跃度，以城市—行业层面的新创高新技术数量的均值衡量；横轴代表距离试点政策的相对时间，负数为政策开始前年份，正数为政策开始后年份，虚线 x = 0 为专利质押试点实施当年。考虑到高技术创业数量的截尾，2016 年的试点不包括在这个数字中。从图 3-9（b）中可以看出，

---

[1] 本章节的科技创业和基础研究数据的具体测算过程均详见本书第六章。

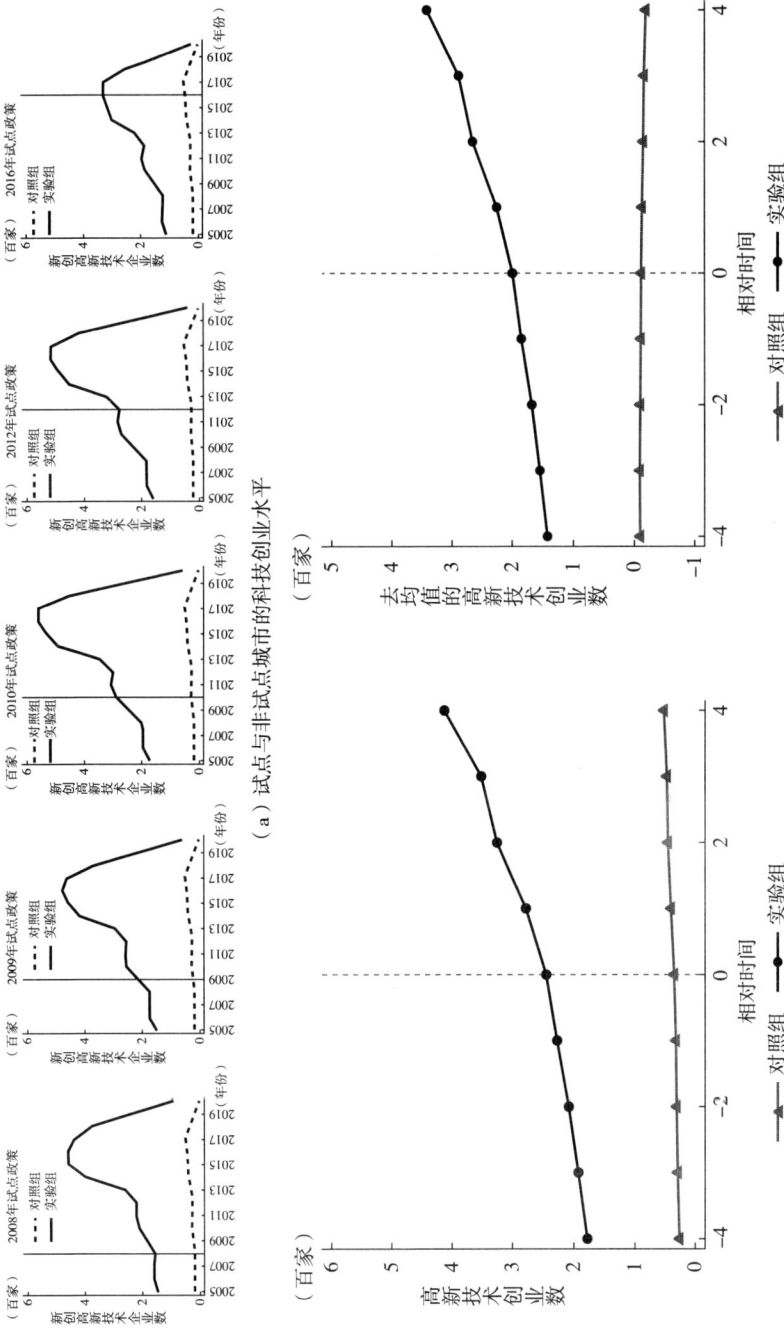

（a）试点与非试点城市的科技创业水平

（b）试点与非试点城市的科技创业变化趋势

（c）试点与非试点城市去均值的科技创业变化趋势

图3-9　试点与非试点城市科技创业的变化

资料来源：笔者根据天眼查工商注册数据检索平台相关数据整理所得。

在实施专利质押试点之前，试点城市和非试点城市科技创业的变化趋势基本一致；而在试点政策实施后，相对于非试点城市，试点城市的科技创业增长速度更快，增长趋势更陡峭，两者之间的差距不断扩大。而图3-9(c)中的实线和虚线则分别表示试点城市和非试点城市去均值的科技创业活跃度，同样反映试点城市和非试点城市的科技创业在政策冲击前存在稳定差距，而在政策冲击后两者的差距不断扩大。上述变化趋势图能再次验证专利质押融资试点政策带来的科技创业效应，且这一效应短期内并未消减，但两者的切实因果关系有待更为翔实的实证检验。

## 二、专利质押与基础研究的数据特征

图3-10绘制了不同时间获批为试点城市的基础研究与非试点城市的变化趋势对比：其中，纵轴为城市层面的高校基础研究数量，分别以城市—学科层面的期刊论文和基金数量均值衡量，图中四条趋势线分别展示了试点和非试点城市中不同学科的基础研究对比，横轴则代表时间年度，竖线 x = 2008 年、x = 2009 年、x = 2010 年、x = 2012 年、x = 2016 年分别代表不同批次专利质押融资试点政策冲击。从图3-10中可以看出，对于任意一批次的政策冲击而言，在政策施行前，试点城市和非试点城市高校基础研究数量的水平值存在差距，但增长趋势基本一致；进一步对比专利质押率不同的学科，其基础研究的数值水平存在差距，初始专利质押率较高的学科基础研究水平高于初始质押率低的学科，但变化趋势基本相似。在政策冲击后，相对于非试点城市而言，试点城市的基础研究数量增长更快。但在试点城市内部，与初始专利质押率较高的学科相比，初始专利质押率低的学科的基础研究增速显著放缓，两者之间的差距不断扩大。上述变化趋势图能初步证明专利质押融资试点政策带来的科技创业效应和基础研究挤出效应，且效应短期内并未消减，但两者的切实因果关系有待更为翔实的实证检验。

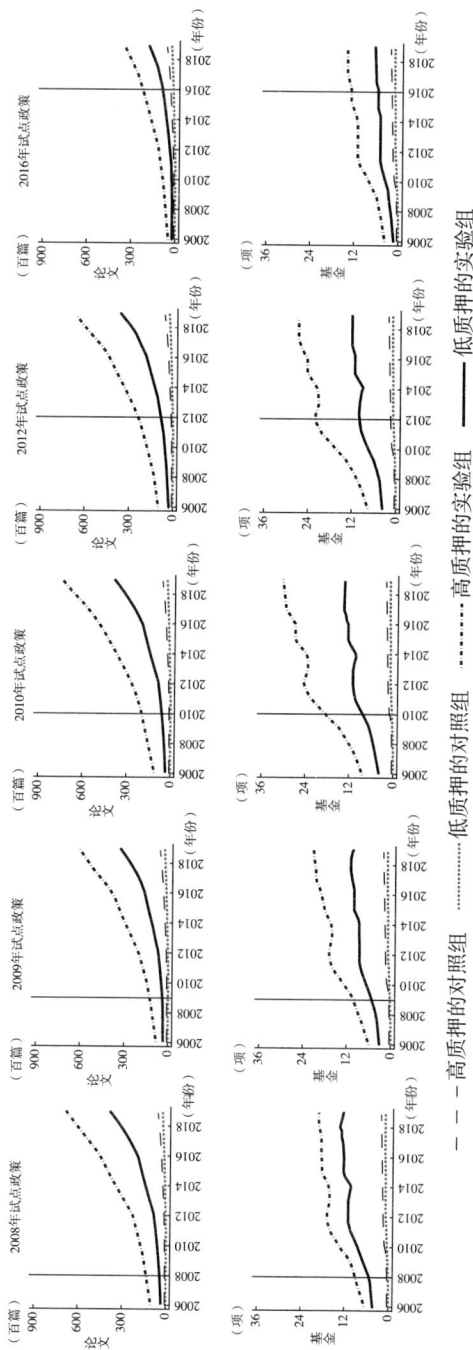

**图3-10　试点与非试点城市高校基础研究的变化**

注：实验组和对照组分别代表试点和非试点城市，低质押和高质押分别表示低质押率的学科和初始高质押率的学科。

资料来源：笔者根据中国知网相关数据整理所得。

# 第四章

专利质押影响中国企业技术创新的
实证分析

# 第一节
## 实证研究设计

### 一、样本选择与数据来源

为分析专利质押对各类企业技术创新的整体影响，本章借鉴龙小宁和王俊(2015)的做法，将所有企业专利质押和专利授权数据加总到地级市层面，并将地级市数据划分为上市公司和非上市公司样本，以对比专利质押对不同类型企业技术创新的异质性影响。考虑到专利数据的滞后性和截断问题，本章选取中国 2006~2018 年地级市层面的面板数据为研究样本[①]，剔除控制变量缺失严重的城市，最终得到 280 个地级市共计 3342 条实际可用于回归的面板数据。本章所有专利数据来源于 incoPat 数据库，控制变量数据来自历年《中国城市统计年鉴》。

### 二、变量定义与测度

被解释变量为城市层面的企业技术创新绩效。现有研究通常采用创新投入和专利数量来衡量企业技术创新(吉赟和杨青，2020；王靖宇和刘红霞，2020)，由于所有企业的创新投入数据难以获得，而专利则是企业创新成果的直接体现。具体来说，专利的统计数据包括专利申请数和授权数，鉴于创新活动的不确定性，专利授权数量更能真实反映企业技术创新绩效(Aghion et al.，2013；Seru，2014；黄远浙等，2021)。不仅如此，考虑到我国专利包括发明专利、实用新型专利和外观设计专利，其中发明专利的技术含量最高，故而本章以发明专利授权数量衡量企业技术创新绩效。同时，考虑到专利授权的时滞性，专利申请日比授权日更接近实际创

---

① 由于发明专利从申请到授权的平均时滞为 47 个月(Xie and Zhang，2015)，考虑到 2019 年申请的发明专利至今仍有许多由于未完成实质性审查导致授权数偏低，故本书研究样本时间截至 2018 年。

新日期（Hall et al，2001；龙小宁和林志帆，2018），本章将所有企业的发明专利授权数按申请年份进行统计，并根据申请人地址从城市层面进行加总，获得各城市所有企业的发明专利授权数。此外，单独使用专利授权数衡量技术创新还存在一些缺陷，如专利数量无法反映其真正的社会经济价值（王春杨等，2020），故本章借鉴王春杨等（2020）、王贤彬等（2021）、钟腾等（2021）做法，使用《中国城市和产业创新力报告 2017》测算的城市创新指数①测度城市创新水平，该指标的构造是以专利价值为基础，对发明专利价值进行城市层面加总和标准化，侧重于衡量专利产出的总价值而非数量。

核心解释变量为加总到城市层面的企业专利质押。同时，本章也采用专利质押试点政策虚拟变量作为城市层面企业专利质押数的工具变量（刘冲等，2019；孟祥旭和余长林，2021），进行两阶段回归以缓解内生性问题。对于核心解释变量和被解释变量，本章参考已往文献的通用做法（吴超鹏和唐菂，2016；寇宗来和刘学悦，2020），使用对应专利数量加 1 之后取对数。

其他控制变量的选择参考闫昊生等（2021）、钟腾等（2021）、王峤等（2021）的做法，用各城市人均 GDP、科学技术支出、受教育程度、规模以上工业企业数、经济结构反映城市创新基础和经济社会发展水平。其中，人均实际地区生产总值用以反映城市经济发展水平；科学技术支出用以反映城市的科教水平；受教育程度用以反映城市人力资本要素；规模以上工业企业数用以反映该地区工业发展水平；第三产业占 GDP 的比重用以反映城市的经济结构。各变量的定义及计算方法如表 4-1 所示。

---

① 城市创新指数来自寇宗来和刘学悦（2017）主编的《中国城市和产业创新力报告 2017》。该报告提供了 2001~2016 年全国 338 个城市（直辖市、地级市、地级区域）的创新指数。这一指数主要根据国家知识产权局申请授权专利中的发明专利价值进行城市层面加总和标准化。考虑到每年的有效发明专利中，不同年龄专利的数量有所差异，通过估计不同年龄专利的平均价值，并按照城市维度加权得到了创新指数。由于寇宗来和刘学悦（2017）主编的《中国城市和产业创新力报告 2017》中的创新指数只截止到 2016 年，因此因变量为城市创新指数的回归样本期为 2006~2016 年。

表4-1　主要变量定义和衡量方法

| 变量类型 | 变量名称 | 符号 | 衡量方法 |
|---|---|---|---|
| 被解释变量 | 创新产出 | *ginv* | 发明专利授权数加1后取自然对数 |
| | | *invindex* | 城市创新指数加1后取自然对数 |
| 解释变量 | 专利质押数量 | *pledge* | 专利质押总数加1后取自然对数 |
| 控制变量 | 人均实际GDP | *per_gdp* | 人均实际地区生产总值(单位：元)取自然对数 |
| | 科学技术支出 | *tec* | 科学技术支出(单位：万元)取自然对数 |
| | 受教育程度 | *edu* | 普通高等学校在校生占总人口比重 |
| | 规模以上工业企业数 | *ent* | 规模以上工业企业数取自然对数 |
| | 经济结构 | *Pro_GDP3* | 第三产业占GDP的比重 |

## 三、描述性统计

主要变量的描述性统计如表4-2所示，城市层面的发明专利授权数并不高，侧面说明我国专利数量激增主要是体现在实用新型专利和外观设计专利数量的增长上(龙小宁和王俊，2015；Hu et al.，2017)。对比城市层面企业专利质押数的均值、标准差以及最小值和最大值可知，不同地区专利质押市场发展程度存在较大差异。其余控制变量在各城市也都存在一定差异，显示各城市之间创新基础和经济社会发展水平的差距。

表4-2　变量描述性统计

| 变量 | 观测值 | 均值 | 标准差 | 最小值 | 中位数 | 最大值 |
|---|---|---|---|---|---|---|
| *ginv* | 3342 | 3.928 | 1.929 | 0 | 3.829 | 10.297 |
| *invindex* | 2787 | 1.110 | 1.149 | 0 | 0.698 | 6.968 |
| *pledge* | 3342 | 0.820 | 1.498 | 0 | 0 | 6.824 |
| *Per_gdp* | 3342 | 10.147 | 0.782 | 7.809 | 10.097 | 12.561 |
| *tec* | 3342 | 12.611 | 0.935 | 7.135 | 12.635 | 16.082 |
| *edu* | 3342 | 0.017 | 0.024 | 0 | 0.008 | 0.350 |
| *ent* | 3342 | 6.554 | 1.117 | 2.944 | 6.490 | 10.631 |
| *Pro_GDP3* | 3342 | 0.377 | 0.093 | 0.086 | 0.367 | 0.806 |

图 4-1 则是 2006~2023 年中国各城市层面的企业专利质押数和发明专利授权数的散点图，显示专利质押与专利授权之间存在着较强的正相关关系，专利质押数量多的城市往往发明专利的授权数也更多。

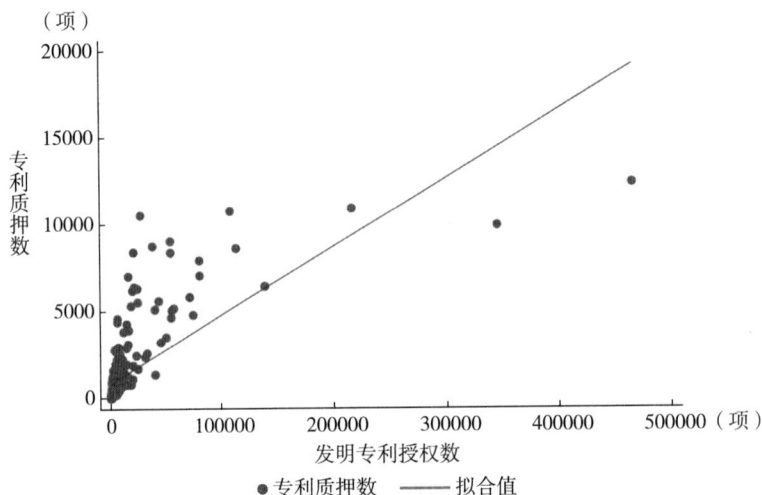

**图 4-1　2006~2023 年各城市发明专利授权数和专利质押数的散点图**

资料来源：笔者根据国家知识产权局和 incoPat 全球专利数据库相关数据整理所得。

## 四、计量模型设计

为从城市层面检验专利质押融资对企业技术创新的影响，本章的计量模型设定如下：

$$patent_{c,t+1} = \beta_0 + \beta_1 pledge_{c,t} + \beta_2 controls_{c,t} + \beta_3 u_c + \beta_4 \lambda_t + \varepsilon_{c,t} \qquad (4-1)$$

其中，核心解释变量 $pledge_{c,t}$ 为 $t$ 年城市 $c$ 所有企业的专利质押总数（$pledge$）；考虑到专利质押对技术创新的影响存在时滞性，也为了从一定程度上缓解逆向因果带来的内生性问题，被解释变量 $patent_{c,t+1}$ 为城市 $c$ 所有企业在 $t+1$ 年的技术创新绩效，以企业发明专利授权数（$ginv$）和城市创新指数（$invindex$）来衡量；$controls$ 为所有控制变量；$u$ 为城市固定效应；$\lambda$ 为年度固定效应；$\varepsilon$ 为误差项；稳健标准误聚类到城市年份层面。

# 第二节
# 回归结果分析

## 一、基准回归结果

考虑到专利质押主要发生在创新型中小企业，非上市公司的专利质押率要远高于上市公司。因此，本章从城市层面检验专利质押对企业技术创新的整体影响，根据式（4-1）进行回归估计。首先，本章在基准回归中将各城市所有企业的发明专利授权数与城市创新指数分别对城市所有企业的专利质押数进行回归，回归结果如表4-3第（1）列、第（2）列所示，核心解释变量系数均在1%的水平上显著为正，说明专利质押能够显著促进企业创新产出。以第（1）列的回归结果为例，核心解释变量（$Pledge$）的系数为0.04，这意味着城市层面的企业专利质押增加1个单位，能够使城市层面的企业技术创新绩效（$ginv$）相对于其平均值增加1.018%（0.04/3.928）。

其次，为从城市层面检验专利质押对不同类型企业技术创新的异质性影响，本章将各城市所有企业的专利授权数按照主板上市公司、非主板上市公司、非上市公司进行分类加总，针对各类企业样本进行分组回归，核心解释变量分别为城市层面所有主板上市公司、非主板上市公司、非上市公司的专利质押数，因变量则分别为城市层面对应三类企业的发明专利授权数。回归结果如表4-3第（3）列~第（5）列所示[①]，第（3）列和第（4）列报告了主板上市公司和非主板上市公司的回归结果，其核心解释变量系数均不显著，在第（5）列非上市公司样本的回归中，核心解释变量的系数为0.040，且在1%的水平上显著，这表明专利质押显著促进了非上市公司的技术创新，而专利质押对上市公司技术创新的促进作用并不显著，说明专利质押对技术创新的促进作用主要发生在非上市公司样本中，暗示专利确

---

[①] 在基于企业类型的分样本检验中，剔除所有年份的发明专利授权数都为0的城市样本数据。

实可以成为影响银行信贷决策中的"软"信息（Saidi and Žaldokas，2021），中小企业能通过专利质押缓解创新融资的困境。假说 H1 由此得到验证。

表 4-3　专利质押对技术创新的影响

| 变量 | （1） | （2） | （3） | （4） | （5） |
|---|---|---|---|---|---|
| | 全样本检验 | | 基于企业类型的分样本检验 | | |
| | *ginv* | *invindex* | *ginv* | *ginv* | *ginv* |
| *Pledge* | 0.040 *** (5.037) | 0.161 *** 23.736 | −0.046 (−0.446) | 0.061 (1.137) | 0.040 *** (5.026) |
| *GDP* | 0.332 (1.529) | −0.193 (−1.433) | 1.129 *** (3.489) | 0.619 (1.588) | 0.310 (1.440) |
| *tec* | 0.231 ** (4.823) | 0.131 *** (4.271) | 0.072 (0.707) | 0.417 *** (4.022) | 0.228 *** (4.750) |
| *edu* | −0.493 (−0.718) | 2.550 * (1.848) | 1.883 (1.308) | 0.680 (0.523) | −0.580 (−0.846) |
| *ent* | 0.258 ** (4.398) | −0.151 *** (−5.042) | −0.2295 *** (−3.346) | −0.423 *** (−4.769) | 0.261 *** (4.405) |
| *pro_GDP3* | −0.621 (−1.693) | 1.084 *** (4.611) | 1.6504 *** (3.015) | −0.479 (−0.733) | −0.719 ** (−2.014) |
| *_cons* | −4.810 ** (−2.496) | 1.381 (1.039) | −10.0562 *** (−3.261) | −7.279 ** (−1.986) | −4.641 ** (−2.427) |
| 城市固定效应 | 控制 | 控制 | 控制 | 控制 | 控制 |
| 年份固定效应 | 控制 | 控制 | 控制 | 控制 | 控制 |
| 样本数（个） | 3342 | 2787 | 2461 | 2102 | 3342 |
| $R^2$ | 0.746 | 0.808 | 0.324 | 0.396 | 0.743 |

注：***、**、* 分别表示在 1%、5%、10%的水平上显著；括号内为 t 值，全书余同。

## 二、内生性检验

专利质押与技术创新之间可能存在"逆向因果"和"遗漏变量"两类内生性问题，即专利质押与技术创新之间的正相关关系可能是由于某个城市的创新基础好、专利存量大，从而使这个城市的专利质押数量多，也可能是遗漏了某些影响城市技术创新的变量。虽然本章在基准回归中通过被解释变量滞后一期，缓解逆向因果造成的内生性问题，但内生性问题仍未完全解决。为降低内生性问题的干扰，本章参考唐珏和封进（2019）、Matray（2021）的做法，采用专利质押试点虚拟变量(*policy*)作为城市层面企业专利质押数(*pledge*)的工具变量,进行两阶段最小二乘法回归。若城市为专利质押试点城市且政策已经实施则 *policy* 取 1,否则取 0。该变量数据来自国家知识产权局①。

表 4-4 为基准回归的全样本两阶段最小二乘法估计结果,为节省篇幅,在后文中仅报告关键解释变量回归系数而省略其他控制变量与常数项。本章检验了专利质押试点政策是否满足工具变量的两个条件:首先,第一阶段回归的 Wald F 统计量值大于经验值 10,拒绝弱工具变量的原假设。其次,为检验工具变量的外生性即能否通过除专利质押之外的其他途径来影响技术创新,本章借鉴吴超鹏和唐菂(2016)的做法,进行如下检验。城市所有企业的发明专利授权数(*ginv*)对城市所有企业的专利质押数(*pledge*)进行回归,得到城市的技术创新不能被专利质押解释的部分,即回归的残差,然后将该残差对工具变量进行回归,发现工具变量对残差没有解释作用[详见第(1)列和第(2)列]。这表明所选的工具变量难以通过影响专利质押外的其他途径来影响技术创新。第一阶段回归结果如第(3)列所示,专利质押试点政策对专利质押数量的影响显著为正,说明试点城市的专利质押数量在专利质押试点政策实施后显著增加。第二阶段的回归结果如表 4-4 第(4)列所示,与基准回归基本一致。

**表 4-4　内生性问题处理:工具变量法**

| 变量 | 外生性检验 | | 一阶段 | 二阶段 | 二阶段 | 一阶段 | 二阶段 |
|---|---|---|---|---|---|---|---|
| | (1) | (2) | (3) | (4) | (5) | (6) | (7) |
| | *ginv* | *ε* | *pledge* | *ginv* | *rginv* | *pledge* | *ginv* |
| *Policy* | | 0.033 (0.748) | 1.329*** (10.01) | | | 1.318*** (9.98) | |
| *pledge* | 0.037** (4.589) | | | 0.088** (2.424) | 0.082 (1.555) | | 0.092** (2.415) |
| 控制变量 | 不控制 | 不控制 | 控制 | 控制 | 控制 | 控制 | 控制 |
| 城市固定效应 | 控制 | 控制 | 控制 | 控制 | 控制 | 控制 | 控制 |
| 年份固定效应 | 控制 | 控制 | 控制 | 控制 | 控制 | 控制 | 控制 |
| 样本数 | 3346 | 3346 | 3342 | 3342 | 3342 | 3342 | 3342 |
| 一阶段 F 值 | | | 100.268 | | | 99.628 | |

---

① 具体试点名单和批复时间见本书第三章。

为进一步检验工具变量是否满足外生性假定，本章还将因变量替换为城市层面所有科研院所（大学和研究院）的发明专利授权数（rginv）。如果工具变量能通过其他途径影响企业的技术创新，那么也能通过其他途径影响科研院所的技术创新，2SLS 回归结果如表 4-4 第（3）列和第（5）列所示，第二阶段回归结果不显著。综上可知，在通过两阶段最小二乘法解决内生性问题后，专利质押仍对技术创新仍有显著正向影响。

同时，本章也对非上市公司企业样本进行了两阶段最小二乘估计，表 4-4 第（6）列和第（7）列为两阶段的估计结果，由回归结果可知：非上市公司的回归样本能够通过弱工具变量检验，且在考虑内生性问题后，专利质押仍对非上市公司的技术创新仍存在显著正向影响，这说明本章上述回归结果基本稳健可靠。

## 三、稳健性检验

为验证估计结果的可靠性，本章从替换核心解释变量和被解释变量，增加控制变量等维度进行稳健性检验，回归结果如表 4-5 和表 4-6 所示。

一是更换核心解释变量。本章将基准回归中的核心解释变量即加总到城市层面的企业专利质押数（pledge）替换为发明专利质押数（invp），实用新型专利质押数（utip）、外观设计专利质押数（desp）重新进行回归，以检验实证结果的稳健性，回归结果如表 4-5 所示，核心解释变量系数均显著为正，说明三类专利的质押活动均能显著促进企业技术创新。

表 4-5　稳健性检验：更换核心解释变量

| 变量 | (1) | (2) | (3) | (4) | (5) | (6) |
|---|---|---|---|---|---|---|
| | *ginv* | *ginv* | *ginv* | *invindex* | *invindex* | *invindex* |
| *invp* | 0.044 *** | | | 0.227 *** | | |
| | (3.918) | | | (21.402) | | |
| *utip* | | 0.044 *** | | | 0.162 *** | |
| | | (5.400) | | | (22.208) | |
| *desp* | | | 0.056 *** | | | 0.168 *** |
| | | | (3.809) | | | (9.656) |
| 控制变量 | 控制 | 控制 | 控制 | 控制 | 控制 | 控制 |
| 城市固定效应 | 控制 | 控制 | 控制 | 控制 | 控制 | 控制 |

续表

| 变量 | (1) | (2) | (3) | (4) | (5) | (6) |
|---|---|---|---|---|---|---|
| | *ginv* | *ginv* | *ginv* | *invindex* | *invindex* | *invindex* |
| 年份固定效应 | 控制 | 控制 | 控制 | 控制 | 控制 | 控制 |
| 样本数 | 3342 | 3342 | 3342 | 2787 | 2787 | 2787 |
| $R^2$ | 0.745 | 0.746 | 0.745 | 0.802 | 0.802 | 0.755 |

二是更换核心被解释变量。本章选取发明专利申请数( *ainv* )作为衡量城市层面企业技术创新绩效的替代变量，重新进行回归分析。回归结果如表4-6第(1)列所示， *pledge* 的系数显著为正，验证专利质押对技术创新的促进作用。

表 4-6　其他稳健性检验

| 变量 | (1) | (2) | (3) | (4) | (5) | (6) | (7) | (8) |
|---|---|---|---|---|---|---|---|---|
| | *ainv* | *ginv* | *invindex* | *ginv* | *invindex* | *ginv* | *invindex* | *ginv* |
| *pledge* | 0.018 ** (2.014) | 0.029 *** (3.534) | 0.143 *** (19.679) | 0.040 *** (4.900) | 0.139 *** (19.414) | 0.044 *** (5.397) | 0.162 *** (23.048) | 0.046 *** (5.896) |
| 控制变量 | 控制 | 控制 | 控制 | 控制 | 控制 | 控制 | 控制 | 控制 |
| 城市固定效应 | 控制 | 控制 | 控制 | 控制 | 控制 | 控制 | 控制 | 控制 |
| 年份固定效应 | 控制 | 控制 | 控制 | 控制 | 控制 | 控制 | 控制 | 控制 |
| 样本数 | 3342 | 3063 | 2505 | 3342 | 2787 | 3294 | 2747 | 3619 |
| $R^2$ | 0.837 | 0.688 | 0.805 | 0.746 | 0.823 | 0.745 | 0.804 | 0.738 |

三是将被解释变量滞后两期。考虑到专利的申请授权存在滞后效应，且专利质押对技术创新的影响亦可能存在滞后效应；同时，为进一步缓解可能存在的逆向因果问题，本章将被解释变量替换为滞后两期值，重新进行回归，结果如表4-6第(2)列和第(3)列所示。核心解释变量的系数略小于基准回归中的系数，且系数符号保持一致，说明专利质押对技术创新的影响确实存在滞后效应，且在考虑滞后效应后，专利质押仍能显著促进技术创新。

四是增加控制变量。考虑到各地区专利市场可交易性和知识产权保护强度将会对企业的技术创新产生促进作用(李莉等，2014；吴超鹏和唐菂，

2016；Akcigit et al.，2016；Chiu et al.，2017；Fang et al.，2017；Han et al.，2021)，为进一步验证基准回归结果的可靠性，本章在控制变量中加入专利可交易性指标和知识产权保护强度指标后重新进行回归。采用各城市各年度进行专利转让和许可的专利数量反映该城市该年度专利市场的可交易性，使用王小鲁(2017)发布的《中国分省企业经营环境指数 2017 年报告》中的知识产权、技术、品牌保护指数来衡量地区知识产权保护指数①。回归结果如表 4-6 第(4)列和第(5)列所示，*pledge* 的系数均在 1% 的水平上显著为正，说明考虑到各地区专利市场的可交易性和知识产权保护本身对技术创新产生的促进作用后，专利质押依然对技术创新存在显著的促进作用，证明本章研究结论是稳健可靠的。

五是剔除北京、上海、天津、重庆四个直辖市。考虑到行政级别的差异可能对各地区的技术创新产生影响，本章剔除北京、上海、天津、重庆四个直辖市的数据，重新进行实证检验。回归结果如表 4-6 第(6)列和第(7)列所示，*pledge* 的系数仍然显著为正，表明本章的回归结果稳健可靠。

六是调整样本期，考虑到 2019 年申请的专利绝大部分已完成实质性审查，故将样本期扩大到 2006～2019 年，回归结果如表 4-6 第(8)列所示，*pledge* 的系数仍然显著为正，表明本章的回归结果稳健可靠。

## 第三节
# 影响机制与协同效应检验

上文已经验证了专利质押融资对技术创新的促进作用，基于此，本章根据理论分析和研究假说进行专利质押影响企业创新的机制检验，探讨专利可交易性和知识产权保护强度对专利质押融资激励效应所发挥的调节作用。

---

① 《中国分省企业经营环境指数 2017 年报告》中统计了 2006 年、2008 年、2010 年、2012 年、2016 年中国各省份的企业经营环境指数，本书采用相邻两年的平均值将 2007 年、2009 年、2011 年缺失值补齐，2013 年、2014 年、2015 年、2017 年的缺失值按照 2012～2016 年逐年相等间隔的规则补齐。

# 一、影响机制检验

## （一）缓解融资约束机制

本章首先检验专利质押能通过缓解融资约束，进而促进企业创新产出提高，即缓解企业融资约束机制。若该机制存在，则可推断在面临较强融资约束的企业和行业中，专利质押对技术创新的促进作用更显著（Rajan and Zingales，1998；Manova et al.，2015；Chen et al.，2020）。本章对上述推论进行实证检验，计量模型设定如下：

$$ginv_{c,i,t+1} = \beta_0 + \beta_1 pledge_{c,i,t} \times Fin_i + \beta_2 pledge_{c,i,t} \qquad (4-2)$$
$$+ \beta_3 Fin_i + \beta_4 controls_{c,t} + \beta_5 u_{c,i} + \beta_6 \lambda_t + \varepsilon_{c,i,t}$$

其中，因变量 $ginv_{c,i,t+1}$ 表示城市 $c$ 在 $t+1$ 年行业所有企业的发明专利授权数，自变量表示城市在年行业所有企业的各类型专利质押总数。$Fin_i$ 表示行业融资约束指标，本章直接采用 Manova 等（2015）测算的行业层面融资约束强度的三个指标（$Fin_i$）：一是没有由经营现金流供资的资本支出份额（$ExtFin_i$）。它识别了企业在长期投资项目中所需的外部资金，主要和固定成本相关；二是库存和销售的比率（$Invratio_i$），作为生产周期的代理变量，它识别了生产者在短期内的运营资本需求，主要与可变成本有关；三是有形资产的可用性（$tang_i$），即利用企业工厂、土地和设备在总账面价值资产中的份额表示有形抵押品的融资情况。企业面临的融资约束强度随着 $ExtFin_i$ 和 $Invratio_i$ 的增加而增加，随着 $tang_i$ 的增加而下降，即当某一行业的固定成本和可变成本越高，需要更多的外部资金，且有形抵押性资产较少时，该行业会受到较强的融资约束（Manova et al.，2015）。

上述三类行业层面融资约束强度指标是采用 Compustat 的美国上市公司数据测算所得（Manova et al.，2015），本章直接采用这套美国行业数据，并将其与中国行业进行匹配，其原因主要有三点：第一，由于美国金融市场的发展相对完善。在没有信贷约束的情况下，美国公司可以合理地近似为拥有最优的资产结构和外部资本，美国企业的实际外部融资占比可能更多反映的是企业的资金需求，而非金融体系的资金供给（Rajan and Zingales，1998；江艇，2022）。第二，选择美国作为参照国可以确保行业的融资约束不会因中国的金融发展而受到内生性影响，保证了该行业融资约束指标 $Fin_i$ 的变动是外生的。第三，假设存在技术上的原因，使有些行业比其他行业更依赖外部融资，存在更强的融资约束问题，并且假设这些技术差异持续存在。因此，本章可以利用一个行业在美国的融资约束程度，代理该行业在中国的融资约束程度。针对中国和美国行业数据匹配，借鉴 Chen 等（2020）的做法，按照《国民经济行业分类》与《所有经济活动的国际标准行业分类》对照表将国际标准行业分类（ISICRev.4）与国民经济行业分类（GB/T 4754—2017）进行匹配，得到按照中国国民经济行业分类下各行业面临的融资约束强度指标。

表 4-7 报告了模型（2）的回归结果，$pledge \times ExtFin$ 系数显著为正，$pledge \times Invratio$ 系数显著为正，$pledge \times tang$ 系数显著为负，显著性水平高达 1%，说明在受到较强融资约束的行业，专利质押对技术创新的促进作用更大。

表 4-7　缓解融资约束机制检验①

| 变量 | （1） | （2） | （3） |
|---|---|---|---|
| | $ginv$ | $ginv$ | $ginv$ |
| $pledge$ | −0.003<br>（−0.400） | −0.085***<br>（−3.072） | 0.066***<br>（3.722） |
| $pledge \times ExtFin$ | 0.126***<br>（3.965） | | |
| $pledge \times Invratio$ | | 0.466***<br>（2.655） | |
| $pledge \times tang$ | | | −0.249***<br>（−4.680） |
| 控制变量 | 控制 | 控制 | 控制 |
| 个体固定效应 | 控制 | 控制 | 控制 |
| 年份固定效应 | 控制 | 控制 | 控制 |
| 样本数 | 26420 | 26420 | 26420 |
| $R^2$ | 0.664 | 0.664 | 0.664 |

此外，基准回归中本章已经发现专利质押能够显著促进非上市公司的

---

① 由于融资约束指标只有行业属性，不随年份变化，在回归中已包含在个体固定效应中，故未报告其系数。

技术创新,而专利质押对上市公司技术创新的促进作用并不显著。本书认为,这一方面是因为专利质押主要发生在中小企业,另一方面是因为专利质押主要通过缓解企业融资约束机制促进企业技术创新。主板上市公司解决资金需求的渠道有很多,且企业家考虑到专利质押融资容易被外界理解为财务状态不佳,进而影响到公司股价和后续融资等,很少会利用专利质押进行融资(李燕来,2019)。非主板上市公司的融资约束强度处于非上市公司与主板上市公司之间,且不那么在意专利质押带来的负面影响,故专利质押对非主板上市公司的技术创新有微弱的促进作用。三类企业中,非上市公司面临的融资约束程度最强,专利质押为非上市公司提供了一种有效的融资渠道,能够缓解非上市公司的融资约束问题,进而显著促进其技术创新活动。

### (二)双向信号机制

本章进一步检验专利质押能通过双向信号机制促进企业技术创新。专利质押能向外部投资机构传递企业有良好创新行为的信号,吸引风险资本的关注和投资,继而激励企业技术创新活动。若该机制存在,则可以推断在信息含量低、信息不对称程度高、风险投资市场发展不完善的地区,专利质押对技术创新的促进作用更大,本章对这一推测进行了实证检验。针对风险投资的界定,本章借鉴张学勇和廖理(2011)、乔晗等(2020)的做法,鉴于我国风险投资(VC)与私募股权投资(PE)无论是功能还是特征上没有显著区别,大部分 VC 与 PE 的实际业务范围相互重叠和渗透。为此,本章从 CVSource 投中数据库中筛选投融资事件的融资方式,如果融资方式为 VC 或 PE,则统一界定为风险投资。同时,为缓解内生性问题,本章选取样本期之前 2000 ~ 2005 年平均每年各城市中参与风险投资的企业数量($VC_1$),融资事件数量($VC_2$)和交易金额对数($VC_3$)[①]作为风险投资市场发展完善程度的衡量指标,分别与专利质押构建交乘项进行回归,实证模型如下:

$$ginv_{c,t+1}=\beta_0+\beta_1 pledge_{c,t}\times VC_{1i}+\beta_2 pledge_{c,t}+\beta_3 VC_{1i}+\beta_4 controls_{c,t}+\beta_5 u_c+\beta_6\lambda_t+\varepsilon_{c,t}$$

$$(4-3)$$

$$ginv_{c,t+1}=\beta_0+\beta_1 pledge_{c,t}\times VC_{2i}+\beta_2 pledge_{c,t}+\beta_3 VC_{2i}+\beta_4 controls_{c,t}+\beta_5 u_c+\beta_6\lambda_t+\varepsilon_{c,t}$$

$$(4-4)$$

---

① 由于一些企业未披露风险投资融资金额,故一些城市风险投资交易金额为缺失值未参与回归。

$$ginv_{c,t+1} = \beta_0 + \beta_1 pledge_{c,t} \times VC_{3i} + \beta_2 pledge_{c,t} + \beta_3 VC_{3i} + \beta_4 controls_{c,t} + \beta_5 u_c + \beta_6 \lambda_t + \varepsilon_{c,t}$$

$$(4-5)$$

估计结果如表 4-8 所示，交乘项 $pledge \times VC_1$、$pledge \times VC_2$、$pledge \times VC_3$ 系数显著为负，说明在参与风险投资企业少、风险投资事件少、融资金额少的地区，专利质押对技术创新的促进作用更大。综上可知，专利质押能向外部投资机构传递企业有良好创新行为的信号，吸引风险资本的关注和投资，继而激励企业技术创新活动。

表 4-8　信号激励机制检验①

| 变量 | (1) | (2) | (3) |
|---|---|---|---|
| | $ginv$ | $ginv$ | $ginv$ |
| $pledge$ | 0.045 *** <br> (5.732) | 0.047 *** <br> (5.699) | 0.063 *** <br> (4.577) |
| $pledge \times VC_1$ | −0.003 *** <br> (−3.118) | | |
| $pledge \times VC_2$ | | −0.002 *** <br> (−3.109) | |
| $pledge \times VC_3$ | | | −0.004 ** <br> (−2.473) |
| 控制变量 | 控制 | 控制 | 控制 |
| 个体固定效应 | 控制 | 控制 | 控制 |
| 年份固定效应 | 控制 | 控制 | 控制 |
| 样本数 | 3342 | 3342 | 3186 |
| $R^2$ | 0.746 | 0.746 | 0.746 |

同时，本章进一步检验专利质押能否逆向对企业创新活动形成信号激励，即向企业传递高质量专利更易于质押的信号，继而激励其从事高质量创新活动。结合本书第三章的分析，将各城市所有企业发明专利授权数（$ginv$）、实用新型专利授权数（$uti$）和外观设计专利授权数（$des$）分别对专利质押数（$pledge$）进行回归，考虑到信号激励机制发挥作用可能有较强的

---

① 由于 $VC_1$、$VC_2$ 和 $VC_3$ 均只有城市属性，不随年份变化，在回归中已包含在个体固定效应中，故未报告其系数。

时滞性，故在回归中同时考虑滞后一期和滞后两期的被解释变量。由表4-9可知，专利质押显著提高了发明专利授权数的增加，但抑制了实用新型和外观设计专利授权数的增加，表明专利质押能够促进高质量创新，同时抑制低质量创新。结合上文论证的高质量专利更容易质押，推知高质量专利更易于质押这一信号将激励企业从事高质量创新活动。专利的知识价值有利于其实现担保价值，从而实现专利质押与高质量创新活动的良性循环。同时，本章也将专利授权中发明专利占比($Iratio$)，实用新型专利占比与外观设计专利合计占比($UDratio$)作为被解释变量，重新进行回归，如表4-10所示，回归结果和前文一致。说明专利质押能够形成高质量专利更易于质押的信号，从而对企业创新难活动形成逆向的激励和反馈效应。综上所述，假说 H2 由此得到验证。

表 4-9 信号激励机制检验

| 变量 | (1) | (2) | (3) | (4) | (5) | (6) |
|---|---|---|---|---|---|---|
| | $ginv_{t+1}$ | $uti_{t+1}$ | $des_{t+1}$ | $ginv_{t+2}$ | $uti_{t+2}$ | $des_{t+2}$ |
| pledge | 0.040*** (5.037) | -0.063*** (-7.436) | -0.029** (-2.563) | 0.029*** (3.534) | -0.077*** (-8.992) | -0.052*** (-4.362) |
| 控制变量 | 控制 | 控制 | 控制 | 控制 | 控制 | 控制 |
| 城市个体固定效应 | 控制 | 控制 | 控制 | 控制 | 控制 | 控制 |
| 年份固定效应 | 控制 | 控制 | 控制 | 控制 | 控制 | 控制 |
| 样本数 | 3342 | 3342 | 3342 | 3063 | 3063 | 3063 |
| $R^2$ | 0.746 | 0.840 | 0.472 | 0.688 | 0.814 | 0.411 |

表 4-10 信号激励机制再检验

| 变量 | (1) | (2) | (3) | (4) |
|---|---|---|---|---|
| | $Iratio_{t+1}$ | $UDratio_{t+1}$ | $Iratio_{t+2}$ | $UDratio_{t+2}$ |
| pledge | 0.006*** (5.210) | -0.010*** (-7.140) | 0.008*** (6.345) | -0.010*** (-7.296) |
| 控制变量 | 控制 | 控制 | 控制 | 控制 |
| 城市个体固定效应 | 控制 | 控制 | 控制 | 控制 |
| 年份固定效应 | 控制 | 控制 | 控制 | 控制 |
| 样本数 | 3342 | 3342 | 3063 | 3063 |
| $R^2$ | 0.122 | 0.117 | 0.155 | 0.138 |

## 二、协同效应检验

专利质押的实现是以质权人对专利价值认可为条件，而专利价值的实现离不开专利可交易性和专利法律的保护（Mann, 2018；Han et al., 2021）。根据理论分析中的研究假说 H3 可知，专利可交易性和知识产权保护力度在专利质押促进技术创新中发挥调节作用。为检验假说 H3 是否成立，本章分别引入专利可交易性指标与专利质押的交乘项，以及知识产权保护强度与专利质押的交乘项，并重新进行回归分析。

城市进行专利转让和许可的专利数量反映了该城市专利交易市场的发展程度即专利可交易性，进行转让和许可的专利数量越多，说明该城市专利交易市场摩擦越小，专利交易市场发展较为完备，专利可交易性越强。在此基础上，为进一步缓解内生性问题，本章构建专利可交易性的虚拟变量（$trader_1$），若该地区发生专利转让和许可的专利数量高于中位数则专利可交易性指标 $trader_1$ 取值 1，否则取值 0。同时，采用王小鲁等（2018）发布的《中国市场化指数：各地区市场化的相对进程 2018 年度报告》中的市场化总指数来衡量地区专利交易的市场环境，若该省份的市场化总指数高于所有省份的中位数，则 $trader_2$ 取值 1，否则取值 0。专利可交易性的调节效应检验回归结果如表 4-11 所示，$pledge×trader_1$ 和 $pledge×trader_2$ 的系数均显著为正，说明在专利市场发展更完善、专利可交易性更强的地区，专利质押对技术创新的促进作用更为明显。

表 4-11  专利可交易性的调节效应检验

| 变量 | (1) | (2) | (3) | (4) |
|---|---|---|---|---|
| | $ginv$ | $invindex$ | $ginv$ | $invindex$ |
| $pledge$ | 0.014<br>(0.830) | -0.008<br>(-0.950) | 0.004<br>(0.272) | 0.100***<br>(9.059) |
| $pledge×trader_1$ | 0.031*<br>(1.817) | 0.199***<br>(21.863) | | |
| $pledge×trader_2$ | | | 0.044***<br>(2.989) | 0.074***<br>(6.160) |
| 控制变量 | 控制 | 控制 | 控制 | 控制 |

续表

| 变量 | （1） | （2） | （3） | （4） |
|---|---|---|---|---|
| | *ginv* | *invindex* | *ginv* | *invindex* |
| 个体固定效应 | 控制 | 控制 | 控制 | 控制 |
| 年份固定效应 | 控制 | 控制 | 控制 | 控制 |
| 样本数 | 3342 | 2787 | 3342 | 2787 |
| $R^2$ | 0.746 | 0.827 | 0.746 | 0.811 |

同时，本章使用王小鲁（2017）发布的《中国分省企业经营环境指数2017年报告》中的知识产权、技术、品牌保护指数（$ipr_1$），衡量地区知识产权保护强度。知识产权保护指数越大，知识产权保护强度越高。本章还采用《中国分省企业经营环境指数2017年报告》中企业经营的法治环境指数，表征地区法治环境。若该省份的企业经营的法治环境高于所有省份的中位数，则取值1，否则取值0；分别构建法治环境指标（$ipr_1$）、（$ipr_2$）与专利质押（pledge）的交乘项进行回归，回归结果如表4-12所示，pledge×$ipr_1$ 和 pledge×$ipr_2$ 系数显著为正，说明在知识产权保护力度更强的条件下，专利质押对技术创新的促进作用更为显著。假说 H3 由此得到验证。

表4-12 知识产权保护的调节效应检验

| 变量 | （1） | （2） | （3） | （4） |
|---|---|---|---|---|
| | *ginv* | *invindex* | *ginv* | *invindex* |
| pledge | −0.166 ** <br>（−2.350） | −0.319 *** <br>（−4.936） | 0.002 <br>（0.184） | 0.096 *** <br>（10.576） |
| $ipr_1$ | 0.069 <br>（0.640） | −0.468 *** <br>（−7.833） | | |
| pledge×$ipr_1$ | 0.055 *** <br>（2.858） | 0.134 *** <br>（7.373） | | |
| pledge×$ipr_2$ | | | 0.056 *** <br>（4.570） | 0.095 *** <br>（8.941） |
| 控制变量 | 控制 | 控制 | 控制 | 控制 |
| 个体固定效应 | 控制 | 控制 | 控制 | 控制 |
| 年份固定效应 | 控制 | 控制 | 控制 | 控制 |
| 样本数 | 3342 | 2787 | 3342 | 2787 |
| $R^2$ | 0.746 | 0.814 | 0.747 | 0.815 |

# 第四节
# 本章小结

　　本章从城市层面探究了专利质押对企业技术创新的影响，结论发现：第一，专利质押融资能显著地促进企业技术创新，其对非上市公司技术创新存在显著的正向影响，但对上市公司的影响并不显著。在以知识产权质押融资试点政策为工具变量采用两阶段最小二乘法缓解内生性问题后结论依然稳健。第二，专利质押主要通过两类机制促进企业技术创新：一方面，专利质押融资可以发挥专利的担保价值，化解信用风险，缓解企业融资约束继而促进技术创新；另一方面，专利质押既能向外部投资机构传递企业有良好创新行为的信号，吸引风险资本的关注和投资，也可将高质量专利更易于质押的信号传递给企业，激励其从事高质量创新，通过双向信号机制促进技术创新活动。第三，专利质押驱动技术创新离不开专利交易和知识产权保护发挥协同作用效应，在专利市场可交易性和知识产权保护力度更强的条件下，专利的知识价值和担保价值更能得到有效保障，专利质押对技术创新的促进作用更为明显。

　　本章的研究结论可以为我国深入推进专利质押融资政策提供经验证据，对政府支持中小企业成为创新的重要发源地提供政策启示：第一，积极推进企业专利质押，提高专利质押率。例如，可进一步在全国范围推行知识产权质押融资试点工作；对中小型企业或国家产业发展规划的行业提供专利质押政府补贴，给予质押专利登记多的企业更多优惠政策。第二，强化知识产权保护、健全专利质押融资风险管理。应继续加强知识产权的保护力度，提高专利侵权的违约成本和司法部门的执法效率，对失信行为进行严惩，贯彻落实透明的制度环境和公平的法律环境，大力推行专利质押执法体系的完善，使出质人和质权人的合法权益达到保障。第三，加速专利交易市场的健全。可建立全国统一的专利交易市场，建立大数据交易平台，扩大信息的覆盖范围，实现便捷快速的网上交易，提高专利交易和专利质押的概率。第四，提高金融体系资源配置效率。积极鼓励银行等金融机构开展专利质押融资业务。鼓励银行在风险可控的前提下扩大知识产权质押贷款，引导金融资源进入创新能力更强的企业，以知识产权为核心指标评价企业创新能力和发展潜力，为中小创新型企业提供更有利的融资环境。同时，银行、风险投资公司等金融机构要发挥对企业内部的监督治理作用，促进企业形成有利于创新的长效治理机制。

# 第五章

# 专利质押影响中国创业活跃度的实证分析

## 第一节
# 研究策略设计

## 一、数据来源

为系统评估专利质押融资试点对创业活跃度的影响，本章利用天眼查工商注册数据检索平台，手动下载、整理1亿多条新创企业注册登记数据。为保证政策前后的窗口期，本章以2005～2019年企业注册登记数据为基础，删除注册地址、注册时间、行业类型等重要信息缺失样本，按照城市—行业—年度统计新创企业数量。此外，专利质押和专利授权数据来源于 incoPat 全球专利数据库，地区层面控制变量来自于历年的《中国城市统计年鉴》，个别样本缺失值结合各地统计年鉴和统计公报，采用线性插值法补齐，并剔除因行政区划调整而变更的地级市及数据缺失严重的地区。

## 二、变量选取与测度

### （一）被解释变量

被解释变量为创业活跃度 $entrep_{cit}$，本章根据企业成立地址、年份、行业信息（李硕等，2022），清洗整理获得2005～2019年294个地级市97个国民经济行业大类的新创企业总数 entrepnum（单位：千家）。考虑到城市规模对新创企业数量的影响，本章进一步采用人口法对创业活跃度进行标准化处理，即通过人均新创企业数量 entrepper（单位：家/千人）克服城市规模造成的度量偏误问题。

### （二）核心解释变量

核心解释变量包括专利质押融资试点冲击 $did_{ct}$ 和考虑行业差异的试点冲击 $ddd_{cit}$。本章将专利质押试点作为一项自然实验，将专利质押试点城市的分组虚拟变量 Treat 设置为 1，非专利质押试点城市设置为 0；将试点政策实施前的分期虚拟变量 Post 设置为 0，实施后设置为 1，以两者的交互项 did 表示专利质押试点是否实施的虚拟变量。由于专利质押试点的颁布时间均为下半年甚至年末，政策推广并下达至地方产生影响需要一定时间，即当城市 $c$ 为试点地区且时间 $t$ 为政策颁布下一年以后，变量 $did_{ct}$ 取值 1，否则取值 0(余明桂等，2022)。

考虑到专利质押融资试点可能对不同技术密集度、专利融资依赖度的行业产生异质性影响(Moshirian et al.，2021)，本章需寻找一个合适的强度变量与是否实施专利质押试点的虚拟变量 $did_{ct}$ 进行交乘，得到三项交乘项 $DDD_{cit}$，用于衡量该政策对不同行业的影响强度差异。为克服内生性带来的估计偏误，本章借鉴 Brandt 等(2017)的做法，选取 2008 年第一批专利质押融资试点政策冲击前，即 2005~2007 年行业 $i$ 专利质押率 $Pledge_i$ 的平均值作为强度变量，考察专利质押融资试点政策对不同行业作用效果的差别。选择政策冲击前的行业质押率作为强度变量，主要是考虑到如下原因：其一，使用政策冲击前的专利质押率，能保证强度变量的外生性，求平均值则可以减少测量误差。其二，专利质押融资试点政策促进试点地区专利质押率的提升，但对不同行业的影响并不相同。图 5-1 绘制了政策冲击前各行业专利质押率(横轴)与政策冲击后各行业专利质押率的变化率(纵轴)的散点图，发现两者之间存在负相关性，政策实施前专利质押率高的行业，受到该政策的影响更小，而政策实施前质押率低的行业，受到该政策影响更大。说明专利质押融资试点政策对低专利质押率行业创业活跃度存在更强影响。其三，试点城市(实验组，图 5-1 中用实线表示)和非试点城市(对照组，图 5-1 中用虚线表示)的相关关系存在一定差别，实验组的负相关性强于对照组，而对照组的相关关系并不明显。

**(三)控制变量**

为精准评估专利质押试点对创业活跃度的影响，本章参考白俊红等(2022)的做法构建地区层面的控制变量，具体包括：地区生产总值、金融机构贷款余额、第二产业增加值占比、第三产业增加值占比、常住人口、地方财政支出、教育支出和科技支出。主要变量定义及描述性统计结果如表 5-1 所示，其中，专利质押融资试点的均值为 0.072，说明样本期内约有 7.20% 的城市进行了专利质押试点。

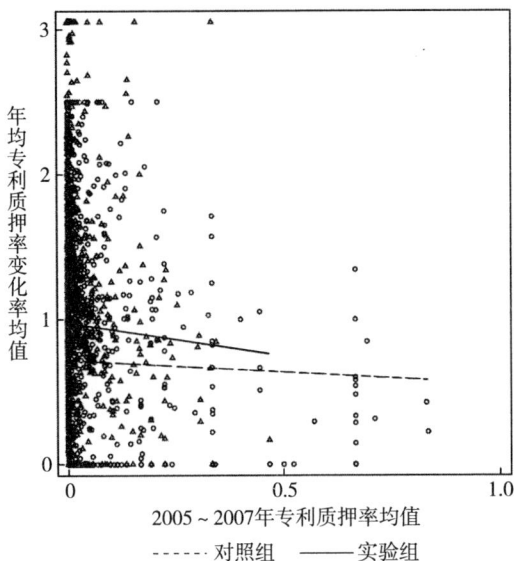

**图 5-1 试点政策前后专利质押率的相关性**

注：专利质押率=专利质押数/专利授权数；散点图中三角形为实验组，圆形为对照组。

资料来源：笔者根据 incoPat 全球专利数据库相关数据整理所得。

**表 5-1 主要变量描述性统计结果**

| 符号 | 变量名称 | 样本量 | 平均值 | 标准差 | 最小值 | 最大值 |
|---|---|---|---|---|---|---|
| 被解释变量 | | | | | | |
| *entrepnum* | 新创企业总数（单位：千家） | 321124 | 0.230 | 1.488 | 0.001 | 304.917 |
| *entrepper* | 人均新创企业数（单位家/千人） | 262507 | 5.456 | 25.311 | 0.003 | 3309.322 |
| 核心解释变量 | | | | | | |
| *ddd* | *did* 与 *pledge* 的交互项 | 321145 | 0.023 | 0.171 | 0.000 | 2.508 |
| *did* | 专利质押试点 | 321145 | 0.072 | 0.258 | 0.000 | 1.000 |
| *pledge* | 强度变量 | 321145 | 0.330 | 0.559 | 0.000 | 2.508 |
| 控制变量 | | | | | | |
| *gdp* | 地区生产总值（单位：亿元）对数 | 245300 | 7.007 | 1.028 | 3.804 | 10.549 |
| *fina* | 金融机构贷款余额（单位：万元）对数 | 262104 | 16.004 | 1.302 | 6.370 | 20.420 |

续表

| 符号 | 变量名称 | 样本量 | 平均值 | 标准差 | 最小值 | 最大值 |
|---|---|---|---|---|---|---|
| 控制变量 | | | | | | |
| manu | 第二产业增加值占比（单位：%） | 245235 | 47.763 | 10.995 | 9.000 | 90.970 |
| serv | 第三产业增加值占比（单位：%） | 245235 | 38.904 | 9.706 | 8.580 | 85.340 |
| pop | 常住人口（单位：万人）对数 | 262524 | 5.887 | 0.689 | -1.609 | 8.134 |
| fisc | 地方财政支出（单位：万元）对数 | 263747 | 14.401 | 0.997 | 10.806 | 18.241 |
| edu | 教育支出（单位：万元）对数 | 263747 | 9.688 | 1.730 | 3.526 | 15.529 |
| tech | 科技支出（单位：万元）对数 | 263747 | 12.663 | 0.996 | 6.902 | 16.246 |

从主要变量分组描述性统计结果来看，专利质押融资试点的创业效应明显，相较于非试点城市，试点城市的新创企业总数和人均新创企业的均值分别高出 0.3269 和 3.8832（见表 5-2），但这种差距是针对整个样本期的对照。进一步对比各期政策冲击前后试点与非试点城市的创业活跃度差别，以 2008 年专利质押融资试点为例，试点城市在政策冲击后新创企业总数和人均新创企业数量的均值分别增加 0.2233 和 4.1692，而非试点城市的新创企业总数和人均新创企业数量的均值分别增加 0.1751 和 3.6446（见表 5-2）。

**表 5-2 变量分组描述性统计**

| 变量 | 样本量 | 均值 | 标准差 | 最小值 | 最大值 | 样本量 | 均值 | 标准差 | 最小值 | 最大值 |
|---|---|---|---|---|---|---|---|---|---|---|
| | 非试点城市（对照组） | | | | | 试点城市（实验组） | | | | |
| entrepnum | 268439 | 0.1761 | 1.1129 | 0.0010 | 304.9170 | 52685 | 0.5030 | 2.6645 | 0.0010 | 134.3670 |
| entrepper | 213424 | 4.7301 | 19.9478 | 0.0079 | 1919.4529 | 49083 | 8.6133 | 41.0355 | 0.0029 | 3309.3215 |
| ddd | 268460 | 0.0000 | 0.0000 | 0.0000 | 0.0000 | 52685 | 0.1429 | 0.4010 | 0.0000 | 2.5079 |
| did | 268460 | 0.0000 | 0.0000 | 0.0000 | 0.0000 | 52685 | 0.4380 | 0.4962 | 0.0000 | 1.0000 |
| pledge | 268460 | 0.3296 | 0.5593 | 0.0000 | 2.5079 | 52685 | 0.3303 | 0.5563 | 0.0000 | 2.5079 |
| gdp | 199303 | 6.8380 | 0.9068 | 4.0999 | 9.8645 | 45997 | 7.7403 | 1.1886 | 3.8039 | 10.5494 |
| fina | 213025 | 15.7839 | 1.1453 | 6.3699 | 19.8374 | 49079 | 16.9575 | 1.4981 | 12.5477 | 20.4198 |
| manu | 199238 | 47.3977 | 11.3744 | 9.0000 | 90.9700 | 45997 | 49.3477 | 9.0012 | 16.1600 | 71.4800 |

续表

| 变量 | 样本量 | 均值 | 标准差 | 最小值 | 最大值 | 样本量 | 均值 | 标准差 | 最小值 | 最大值 |
|---|---|---|---|---|---|---|---|---|---|---|
| | 非试点城市（对照组） | | | | | 试点城市（实验组） | | | | |
| *serv* | 199238 | 38.0760 | 9.4016 | 8.5800 | 85.3400 | 45997 | 42.4893 | 10.1765 | 22.5400 | 83.5200 |
| *pop* | 213441 | 5.8349 | 0.6666 | -1.6094 | 7.1373 | 49083 | 6.1139 | 0.7392 | 4.2805 | 8.1345 |
| *fisc* | 214394 | 14.2716 | 0.9043 | 10.8062 | 16.8796 | 49353 | 14.9644 | 1.1710 | 11.6168 | 18.2405 |
| *edu* | 214394 | 9.4306 | 1.5639 | 3.5264 | 14.4120 | 49353 | 10.8071 | 1.9574 | 4.1897 | 15.5293 |
| *tech* | 214394 | 12.5464 | 0.9210 | 6.9017 | 15.1063 | 49353 | 13.1718 | 1.1411 | 9.8175 | 16.2456 |
| | 2008 年非试点城市（2008 年前） | | | | | 2008 年试点城市（2008 年前） | | | | |
| *entrepnum* | 74839 | 0.0911 | 0.3265 | 0.0010 | 22.3820 | 2346 | 0.2423 | 1.4221 | 0.0010 | 40.1120 |
| *entrepper* | 65239 | 2.6700 | 10.7531 | 0.0031 | 1230.2534 | 2346 | 4.6483 | 14.9537 | 0.0077 | 339.7307 |
| *ddd* | 74843 | 0.0000 | 0.0000 | 0.0000 | 0.0000 | 2346 | 0.0000 | 0.0000 | 0.0000 | 0.0000 |
| *did* | 74843 | 0.0000 | 0.0000 | 0.0000 | 0.0000 | 2346 | 0.0000 | 0.0000 | 0.0000 | 0.0000 |
| *pledge* | 74843 | 0.3386 | 0.5645 | 0.0000 | 2.5079 | 2346 | 0.3370 | 0.5611 | 0.0000 | 2.5079 |
| *gdp* | 65318 | 6.3448 | 0.9039 | 4.0999 | 9.5250 | 2346 | 6.4053 | 1.5930 | 3.8039 | 9.2580 |
| *fina* | 63991 | 15.0690 | 1.1035 | 12.8432 | 19.3030 | 2072 | 15.7807 | 1.8448 | 12.5477 | 19.0772 |
| *manu* | 65253 | 48.2682 | 11.5958 | 9.0000 | 90.9700 | 2346 | 47.1996 | 13.5245 | 19.1600 | 71.4800 |
| *serv* | 65253 | 35.8427 | 8.1617 | 8.5800 | 85.3400 | 2346 | 42.2458 | 12.3833 | 22.5400 | 73.2500 |
| *pop* | 65243 | 5.8727 | 0.6690 | 2.8461 | 8.0886 | 2346 | 5.6061 | 0.8715 | 4.2805 | 7.1700 |
| *fisc* | 65421 | 13.3757 | 0.7792 | 10.8062 | 17.0713 | 2346 | 13.5678 | 1.3387 | 11.6168 | 16.7907 |
| *edu* | 65421 | 8.0588 | 1.5148 | 3.5264 | 14.0001 | 2346 | 8.4707 | 2.3115 | 4.1897 | 13.9305 |
| *tech* | 65421 | 11.6853 | 0.7835 | 6.9017 | 14.9974 | 2346 | 11.7823 | 1.3019 | 9.8175 | 14.9670 |
| | 2008 年非试点城市（2008 年后） | | | | | 2008 年试点城市（2008 年后） | | | | |
| *entrepnum* | 236602 | 0.2662 | 1.6445 | 0.0010 | 304.9170 | 7337 | 0.4656 | 2.7737 | 0.0010 | 68.3110 |
| *entrepper* | 188398 | 6.3146 | 28.5137 | 0.0029 | 3309.3215 | 6524 | 8.8175 | 30.8678 | 0.0072 | 706.2138 |
| *ddd* | 236619 | 0.0217 | 0.1643 | 0.0000 | 2.5079 | 7337 | 0.3257 | 0.5562 | 0.0000 | 2.5079 |
| *did* | 236619 | 0.0665 | 0.2492 | 0.0000 | 1.0000 | 7337 | 1.0000 | 0.0000 | 1.0000 | 1.0000 |
| *pledge* | 236619 | 0.3270 | 0.5570 | 0.0000 | 2.5079 | 7337 | 0.3257 | 0.5562 | 0.0000 | 2.5079 |
| *gdp* | 171539 | 7.2553 | 0.9197 | 4.7931 | 10.5494 | 6097 | 7.3551 | 1.5192 | 4.4765 | 10.4736 |
| *fina* | 189314 | 16.2929 | 1.1777 | 6.3699 | 20.4198 | 6727 | 16.8238 | 1.7510 | 13.3184 | 20.4164 |
| *manu* | 171539 | 47.5747 | 10.6106 | 10.6000 | 89.7500 | 6097 | 47.8899 | 13.4713 | 16.1600 | 65.6000 |
| *serv* | 171539 | 39.8412 | 9.7632 | 9.7600 | 79.2300 | 6097 | 44.0050 | 13.4182 | 28.9000 | 83.5200 |
| *pop* | 188411 | 5.9052 | 0.6843 | -1.6094 | 8.1345 | 6524 | 5.6090 | 0.8566 | 4.3014 | 7.2349 |
| *fisc* | 189253 | 14.7462 | 0.7745 | 11.5437 | 18.2405 | 6727 | 14.9593 | 1.2028 | 12.9442 | 18.1287 |
| *edu* | 189253 | 10.2305 | 1.3819 | 6.2519 | 15.5293 | 6727 | 10.7020 | 1.9544 | 7.1989 | 15.2820 |
| *tech* | 189253 | 12.9982 | 0.7995 | 9.2414 | 16.1138 | 6727 | 13.0642 | 1.2184 | 11.1288 | 16.2456 |
| | 2009 年非试点城市（2009 年前） | | | | | 2009 年试点城市（2009 年前） | | | | |
| *entrepnum* | 92000 | 0.0897 | 0.3136 | 0.0010 | 22.3820 | 4886 | 0.2940 | 1.2330 | 0.0010 | 40.1120 |

续表

| 变量 | 样本量 | 均值 | 标准差 | 最小值 | 最大值 | 样本量 | 均值 | 标准差 | 最小值 | 最大值 |
|---|---|---|---|---|---|---|---|---|---|---|
| | | 2009 年非试点城市（2009 年前） | | | | | 2009 年试点城市（2009 年前） | | | |
| entrepper | 79890 | 2.6624 | 10.0460 | 0.0031 | 1230.2534 | 4886 | 5.8448 | 19.7281 | 0.0077 | 792.0121 |
| ddd | 92005 | 0.0000 | 0.0000 | 0.0000 | 0.0000 | 4886 | 0.0401 | 0.2219 | 0.0000 | 2.5079 |
| did | 92005 | 0.0000 | 0.0000 | 0.0000 | 0.0000 | 4886 | 0.1222 | 0.3275 | 0.0000 | 1.0000 |
| pledge | 92005 | 0.3377 | 0.5637 | 0.0000 | 2.5079 | 4886 | 0.3341 | 0.5587 | 0.0000 | 2.5079 |
| gdp | 80026 | 6.3821 | 0.8837 | 4.0999 | 9.6189 | 4886 | 7.0636 | 1.4865 | 3.8039 | 9.4053 |
| fina | 78699 | 15.1131 | 1.0832 | 12.8432 | 19.5087 | 4612 | 16.4210 | 1.6406 | 12.5477 | 19.3112 |
| manu | 79961 | 48.4149 | 11.4658 | 9.0000 | 90.9700 | 4886 | 48.6052 | 11.4734 | 19.1600 | 71.4800 |
| serv | 79961 | 35.8014 | 8.1046 | 8.5800 | 85.3400 | 4886 | 43.3280 | 10.9772 | 22.5400 | 75.5300 |
| pop | 79895 | 5.8658 | 0.6681 | 2.8461 | 8.0914 | 4886 | 5.8920 | 0.8381 | 4.2805 | 7.1700 |
| fisc | 80129 | 13.4738 | 0.7794 | 10.8062 | 17.2133 | 4886 | 14.0683 | 1.2196 | 11.6168 | 16.9594 |
| edu | 80129 | 8.2864 | 1.5279 | 3.5264 | 14.5824 | 4886 | 9.3033 | 2.1609 | 4.1897 | 14.0491 |
| tech | 80129 | 11.7810 | 0.7875 | 6.9017 | 15.0595 | 4886 | 12.2596 | 1.1704 | 9.8175 | 15.1121 |
| | | 2009 年非试点城市（2009 年后） | | | | | 2009 年试点城市（2009 年后） | | | |
| entrepnum | 213180 | 0.2635 | 1.6318 | 0.0010 | 304.9170 | 11058 | 0.7160 | 3.3275 | 0.0010 | 68.3110 |
| entrepper | 167881 | 6.3783 | 28.7553 | 0.0029 | 3309.3215 | 9850 | 12.2067 | 42.9653 | 0.0067 | 1159.7096 |
| ddd | 213196 | 0.0175 | 0.1477 | 0.0000 | 2.5079 | 11058 | 0.3260 | 0.5553 | 0.0000 | 2.5079 |
| did | 213196 | 0.0536 | 0.2252 | 0.0000 | 1.0000 | 11058 | 1.0000 | 0.0000 | 1.0000 | 1.0000 |
| pledge | 213196 | 0.3264 | 0.5568 | 0.0000 | 2.5079 | 11058 | 0.3260 | 0.5553 | 0.0000 | 2.5079 |
| gdp | 151356 | 7.2781 | 0.8790 | 4.9102 | 10.5494 | 9032 | 7.9744 | 1.4208 | 4.6447 | 10.4736 |
| fina | 168740 | 16.3222 | 1.1223 | 6.3699 | 20.4198 | 10053 | 17.4373 | 1.6165 | 13.3184 | 20.4164 |
| manu | 151356 | 47.4219 | 10.6524 | 10.6000 | 89.7500 | 9032 | 47.2658 | 11.8035 | 16.1600 | 64.9800 |
| serv | 151356 | 39.9453 | 9.6925 | 9.7600 | 79.2300 | 9032 | 46.5233 | 12.8369 | 27.5300 | 83.5200 |
| pop | 167893 | 5.8961 | 0.6839 | −1.6094 | 8.1345 | 9850 | 5.9034 | 0.8483 | 4.3014 | 7.3052 |
| fisc | 168679 | 14.7947 | 0.7307 | 11.7111 | 18.2405 | 10053 | 15.3542 | 1.0709 | 13.2779 | 18.1287 |
| edu | 168679 | 10.2626 | 1.3414 | 6.2519 | 15.5293 | 10053 | 11.4114 | 1.7955 | 7.5305 | 15.2820 |
| tech | 168679 | 13.0439 | 0.7622 | 9.2414 | 16.1138 | 10053 | 13.5099 | 1.1202 | 11.4502 | 16.2456 |
| | | 2010 年非试点城市（2010 年前） | | | | | 2010 年试点城市（2010 年前） | | | |
| entrepnum | 109145 | 0.0885 | 0.2870 | 0.0010 | 22.3820 | 7419 | 0.3306 | 1.2662 | 0.0010 | 40.1120 |
| entrepper | 94550 | 2.7245 | 10.0494 | 0.0030 | 1230.2534 | 7419 | 5.7857 | 18.1747 | 0.0071 | 792.0121 |
| ddd | 109151 | 0.0000 | 0.0000 | 0.0000 | 0.0000 | 7419 | 0.0704 | 0.2903 | 0.0000 | 2.5079 |
| did | 109151 | 0.0000 | 0.0000 | 0.0000 | 0.0000 | 7419 | 0.2134 | 0.4097 | 0.0000 | 1.0000 |
| pledge | 109151 | 0.3369 | 0.5631 | 0.0000 | 2.5079 | 7419 | 0.3333 | 0.5579 | 0.0000 | 2.5079 |
| gdp | 94687 | 6.4331 | 0.8611 | 4.0999 | 9.1676 | 7419 | 7.3967 | 1.4707 | 3.8039 | 9.7507 |
| fina | 93360 | 15.1684 | 1.0515 | 12.8432 | 18.8314 | 7145 | 16.7896 | 1.6621 | 12.5477 | 19.6490 |

续表

| 变量 | 样本量 | 均值 | 标准差 | 最小值 | 最大值 | 样本量 | 均值 | 标准差 | 最小值 | 最大值 |
|---|---|---|---|---|---|---|---|---|---|---|
| | 2010 年非试点城市（2010 年前） | | | | | 2010 年试点城市（2010 年前） | | | | |
| manu | 94622 | 48.8038 | 11.3738 | 9.0000 | 90.9700 | 7419 | 49.1656 | 10.6943 | 19.1600 | 71.4800 |
| serv | 94622 | 35.5607 | 8.0441 | 8.5800 | 85.3400 | 7419 | 43.9587 | 10.4141 | 22.5400 | 75.5300 |
| pop | 94556 | 5.8568 | 0.6612 | 2.8461 | 8.0985 | 7419 | 6.0427 | 0.8478 | 4.2805 | 7.2489 |
| fisc | 94790 | 13.5647 | 0.7637 | 10.8062 | 16.8415 | 7419 | 14.4430 | 1.3223 | 11.6168 | 17.3129 |
| edu | 94790 | 8.4559 | 1.5000 | 3.5264 | 13.8139 | 7419 | 9.9044 | 2.2458 | 4.1897 | 14.5824 |
| tech | 94790 | 11.8616 | 0.7713 | 6.9017 | 14.6929 | 7419 | 12.6087 | 1.2539 | 9.8175 | 15.3201 |
| | 2010 年非试点城市（2010 年后） | | | | | 2010 年试点城市（2010 年后） | | | | |
| entrepnum | 191871 | 0.2644 | 1.5583 | 0.0010 | 304.9170 | 12689 | 0.8617 | 4.1341 | 0.0010 | 134.3670 |
| entrepper | 149318 | 6.6227 | 29.7613 | 0.0029 | 3309.3215 | 11220 | 12.7337 | 44.7012 | 0.0067 | 1159.7096 |
| ddd | 191886 | 0.0150 | 0.1370 | 0.0000 | 2.5079 | 12689 | 0.3251 | 0.5544 | 0.0000 | 2.5079 |
| did | 191886 | 0.0459 | 0.2093 | 0.0000 | 1.0000 | 12689 | 1.0000 | 0.0000 | 1.0000 | 1.0000 |
| pledge | 191886 | 0.3258 | 0.5566 | 0.0000 | 2.5079 | 12689 | 0.3251 | 0.5544 | 0.0000 | 2.5079 |
| gdp | 133053 | 7.2963 | 0.8364 | 4.9102 | 10.2009 | 10141 | 8.2901 | 1.3981 | 4.8959 | 10.5494 |
| fina | 150176 | 16.3500 | 1.0585 | 6.3699 | 20.1434 | 11423 | 17.7843 | 1.6080 | 13.8734 | 20.4198 |
| manu | 133053 | 47.0432 | 10.6491 | 10.6000 | 89.3400 | 10141 | 46.4815 | 11.1707 | 16.1600 | 64.9800 |
| serv | 133053 | 40.2862 | 9.5724 | 10.1500 | 79.2300 | 10141 | 48.2611 | 12.5362 | 27.5300 | 83.5200 |
| pop | 149329 | 5.8855 | 0.6805 | -1.6094 | 8.1345 | 11220 | 6.0599 | 0.8611 | 4.3014 | 7.3052 |
| fisc | 150115 | 14.8312 | 0.6629 | 12.0308 | 17.6966 | 11423 | 15.6655 | 1.1699 | 13.3851 | 18.2405 |
| edu | 150115 | 10.2871 | 1.2789 | 6.2519 | 15.5293 | 11423 | 11.9032 | 1.8489 | 7.5305 | 15.2820 |
| tech | 150115 | 13.0856 | 0.7072 | 9.2414 | 15.8010 | 11423 | 13.8046 | 1.1864 | 11.4983 | 16.2456 |
| | 2012 年非试点城市（2012 年前） | | | | | 2012 年试点城市（2012 年前） | | | | |
| entrepnum | 145286 | 0.0942 | 0.3145 | 0.0010 | 22.3820 | 10935 | 0.3248 | 1.2876 | 0.0010 | 40.1120 |
| entrepper | 125774 | 2.8671 | 10.3791 | 0.0030 | 1230.2534 | 10935 | 5.6327 | 17.3422 | 0.0070 | 792.0121 |
| ddd | 145292 | 0.0000 | 0.0000 | 0.0000 | 0.0000 | 10935 | 0.1235 | 0.3764 | 0.0000 | 2.5079 |
| did | 145292 | 0.0000 | 0.0000 | 0.0000 | 0.0000 | 10935 | 0.3738 | 0.4838 | 0.0000 | 1.0000 |
| pledge | 145292 | 0.3352 | 0.5620 | 0.0000 | 2.5079 | 10935 | 0.3330 | 0.5580 | 0.0000 | 2.5079 |
| gdp | 126026 | 6.5920 | 0.8894 | 4.0999 | 9.4689 | 10935 | 7.5073 | 1.4360 | 3.8039 | 9.9125 |
| fina | 124699 | 15.3453 | 1.0881 | 12.8432 | 18.9691 | 10661 | 16.8423 | 1.6422 | 12.5477 | 19.7343 |
| manu | 125961 | 49.5511 | 11.1968 | 9.0000 | 90.9700 | 10935 | 49.3383 | 10.4104 | 19.1600 | 71.4800 |
| serv | 125961 | 35.3651 | 8.1853 | 8.5800 | 85.3400 | 10935 | 43.2259 | 10.6838 | 22.5400 | 76.4600 |
| pop | 125780 | 5.8605 | 0.6607 | 2.8461 | 8.1127 | 10935 | 6.0707 | 0.8230 | 4.2805 | 7.2607 |
| fisc | 126129 | 13.7911 | 0.8257 | 10.8062 | 17.2320 | 10935 | 14.5981 | 1.2965 | 11.6168 | 17.5494 |
| edu | 126129 | 8.8227 | 1.5429 | 3.5264 | 13.8139 | 10935 | 10.2035 | 2.2010 | 4.1897 | 14.7133 |
| tech | 126129 | 12.0962 | 0.8479 | 6.9017 | 15.3662 | 10935 | 12.7943 | 1.2614 | 9.8175 | 15.6857 |

| 变量 | 样本量 | 均值 | 标准差 | 最小值 | 最大值 | 样本量 | 均值 | 标准差 | 最小值 | 最大值 |
|---|---|---|---|---|---|---|---|---|---|---|
| | | 2012 年非试点城市（2012 年后） | | | | | 2012 年试点城市（2012 年后） | | | |
| *entrepnum* | 153682 | 0.2998 | 1.7248 | 0.0010 | 304.9170 | 11221 | 0.9316 | 4.3515 | 0.0010 | 134.3670 |
| *entrepper* | 116177 | 7.5611 | 33.1300 | 0.0029 | 3309.3215 | 9621 | 13.6840 | 47.6199 | 0.0067 | 1159.7096 |
| *ddd* | 153697 | 0.0165 | 0.1437 | 0.0000 | 2.5079 | 11221 | 0.3240 | 0.5536 | 0.0000 | 2.5079 |
| *did* | 153697 | 0.0505 | 0.2191 | 0.0000 | 1.0000 | 11221 | 1.0000 | 0.0000 | 1.0000 | 1.0000 |
| *pledge* | 153697 | 0.3247 | 0.5562 | 0.0000 | 2.5079 | 11221 | 0.3240 | 0.5536 | 0.0000 | 2.5079 |
| *gdp* | 99927 | 7.3642 | 0.8353 | 4.9102 | 10.2009 | 8412 | 8.3363 | 1.3480 | 5.2092 | 10.5494 |
| *fina* | 116920 | 16.4768 | 1.0315 | 6.3699 | 20.1434 | 9824 | 17.8190 | 1.5518 | 14.2988 | 20.4198 |
| *manu* | 99927 | 45.5175 | 10.3619 | 10.6000 | 79.3600 | 8412 | 45.6278 | 10.7274 | 16.1600 | 64.9800 |
| *serv* | 99927 | 42.0662 | 9.2483 | 16.4400 | 79.2300 | 8412 | 48.7068 | 12.3284 | 27.9700 | 83.5200 |
| *pop* | 116188 | 5.8815 | 0.6868 | −1.6094 | 8.1345 | 9621 | 6.0931 | 0.8392 | 4.3041 | 7.3052 |
| *fisc* | 116859 | 14.9303 | 0.6422 | 12.3040 | 17.6966 | 9824 | 15.7220 | 1.1250 | 13.5805 | 18.2405 |
| *edu* | 116859 | 10.3754 | 1.3063 | 6.2519 | 15.5293 | 9824 | 12.0524 | 1.7285 | 8.4303 | 15.2820 |
| *tech* | 116859 | 13.1613 | 0.6971 | 9.8436 | 15.8010 | 9824 | 13.8777 | 1.1385 | 11.5994 | 16.2456 |
| | | 2016 年非试点城市（2016 年前） | | | | | 2016 年试点城市（2016 年前） | | | |
| *entrepnum* | 198784 | 0.1155 | 0.5468 | 0.0010 | 126.3000 | 39296 | 0.3361 | 1.6773 | 0.0010 | 80.5930 |
| *entrepper* | 169098 | 3.5056 | 13.7176 | 0.0080 | 1919.4529 | 39296 | 6.5516 | 29.2000 | 0.0030 | 2037.3784 |
| *ddd* | 198793 | 0.0000 | 0.0000 | 0.0000 | 0.0000 | 39296 | 0.0808 | 0.3100 | 0.0000 | 2.5079 |
| *did* | 198793 | 0.0000 | 0.0000 | 0.0000 | 0.0000 | 39296 | 0.2466 | 0.4310 | 0.0000 | 1.0000 |
| *pledge* | 198793 | 0.3312 | 0.5602 | 0.0000 | 2.5079 | 39296 | 0.3321 | 0.5574 | 0.0000 | 2.5079 |
| *gdp* | 169401 | 6.7389 | 0.8872 | 4.0999 | 9.6470 | 39296 | 7.6253 | 1.1690 | 3.8039 | 10.2463 |
| *fina* | 168088 | 15.5701 | 1.0929 | 6.3699 | 19.3554 | 39022 | 16.7452 | 1.4710 | 12.5477 | 20.1544 |
| *manu* | 169336 | 48.5952 | 11.1397 | 9.0000 | 90.9700 | 39296 | 50.3389 | 8.7192 | 19.1600 | 71.4800 |
| *serv* | 169336 | 36.4685 | 8.6750 | 8.5800 | 85.3400 | 39296 | 41.1488 | 9.6925 | 22.5400 | 80.2300 |
| *pop* | 169105 | 5.8334 | 0.6591 | −1.6094 | 7.1317 | 39296 | 6.1057 | 0.7378 | 4.2805 | 8.1262 |
| *fisc* | 169504 | 14.0730 | 0.8691 | 10.8062 | 16.8415 | 39296 | 14.7656 | 1.1425 | 11.6168 | 18.0524 |
| *edu* | 169504 | 9.1894 | 1.5263 | 3.5264 | 13.8324 | 39296 | 10.4771 | 1.9285 | 4.1897 | 15.2106 |
| *tech* | 169504 | 12.3667 | 0.8933 | 6.9017 | 14.7799 | 39296 | 12.9857 | 1.1150 | 9.8175 | 15.9986 |
| | | 2016 年非试点城市（2016 年后） | | | | | 2016 年试点城市（2016 年后） | | | |
| *entrepnum* | 69655 | 0.3490 | 1.9696 | 0.0010 | 304.9170 | 13389 | 0.9927 | 4.3998 | 0.0010 | 134.3670 |
| *entrepper* | 44326 | 9.4012 | 34.2131 | 0.0079 | 1611.0098 | 9787 | 16.8916 | 70.2595 | 0.0029 | 3309.3215 |
| *ddd* | 69667 | 0.0000 | 0.0000 | 0.0000 | 0.0000 | 13389 | 0.3251 | 0.5533 | 0.0000 | 2.5079 |
| *did* | 69667 | 0.0000 | 0.0000 | 0.0000 | 0.0000 | 13389 | 1.0000 | 0.0000 | 1.0000 | 1.0000 |
| *pledge* | 69667 | 0.3250 | 0.5567 | 0.0000 | 2.5079 | 13389 | 0.3251 | 0.5533 | 0.0000 | 2.5079 |
| *gdp* | 29902 | 7.3996 | 0.8067 | 4.9102 | 9.8645 | 6701 | 8.4151 | 1.0728 | 5.7144 | 10.5494 |

| 变量 | 样本量 | 均值 | 标准差 | 最小值 | 最大值 | 样本量 | 均值 | 标准差 | 最小值 | 最大值 |
|------|--------|------|--------|--------|--------|--------|------|--------|--------|--------|
| | 2016 年非试点城市（2016 年后） | | | | | 2016 年试点城市（2016 年后） | | | | |
| *fina* | 44937 | 16.5834 | 0.9698 | 8.3299 | 19.8374 | 10057 | 17.7812 | 1.3053 | 15.0950 | 20.4198 |
| *manu* | 29902 | 40.6166 | 10.2567 | 10.6000 | 72.9000 | 6701 | 43.5348 | 8.4133 | 16.1600 | 60.4800 |
| *serv* | 29902 | 47.1794 | 8.0788 | 26.5400 | 79.2300 | 6701 | 50.3499 | 9.3622 | 30.9200 | 83.5200 |
| *pop* | 44336 | 5.8407 | 0.6941 | 2.9444 | 7.1373 | 9787 | 6.1466 | 0.7438 | 4.3041 | 8.1345 |
| *fisc* | 44890 | 15.0215 | 0.5844 | 12.5328 | 16.8796 | 10057 | 15.7410 | 0.9334 | 13.7394 | 18.2405 |
| *edu* | 44890 | 10.3417 | 1.3543 | 6.8222 | 14.4120 | 10057 | 12.0966 | 1.4768 | 7.7151 | 15.5293 |
| *tech* | 44890 | 13.2251 | 0.6749 | 10.6274 | 15.1063 | 10057 | 13.8991 | 0.9313 | 11.7144 | 16.2456 |

此外，试点与非试点城市在政策冲击前新创企业总数的差距是 0.1512，而在政策冲击后的差距是 0.1994，即试点与非试点城市的新创业企业总数差距在政策冲击后进一步扩大，人均新创企业数量也出现相同规律（见表 5-3）。同时，统计数据还能初步验证 2009 年、2010 年、2012 年和 2016 年剩余四个批次的专利质押试点也具有同样的创业效应。综上所述，原始分组统计数据显示专利质押融资试点能激励创业活跃度的提升。

表 5-3　单变量 t 检验

| | | | 对照组（1） | 实验组（2） | difference (1)-(2) | t-Test (1)-(2) |
|------|------|------|-----------|-----------|---------------------|------------------|
| 2008 年试点政策 | *entrepnum* | 政策前 | 74839 | 2346 | -0.1512 | -17.7614 *** |
| | | 政策后 | 236602 | 7337 | -0.1994 | -9.9563 *** |
| | *entrepper* | 政策前 | 65239 | 2346 | -1.9783 | -8.6162 *** |
| | | 政策后 | 188398 | 6524 | -2.5029 | -6.9503 *** |
| 2009 年试点政策 | *entrepnum* | 政策前 | 92000 | 4886 | -0.2043 | -33.7534 *** |
| | | 政策后 | 213180 | 11058 | -0.4524 | -26.4446 *** |
| | *entrepper* | 政策前 | 79890 | 4886 | -3.1825 | -19.9192 *** |
| | | 政策后 | 167881 | 9850 | -5.8285 | -18.9159 *** |
| 2010 年试点政策 | *entrepnum* | 政策前 | 109145 | 7419 | -0.2421 | -47.6715 *** |
| | | 政策后 | 191871 | 12689 | -0.5973 | -35.6700 *** |
| | *entrepper* | 政策前 | 94550 | 7419 | -3.0613 | -23.4061 *** |
| | | 政策后 | 149318 | 11220 | -6.1110 | -20.1120 *** |

| | | | 对照组（1） | 实验组（2） | *difference* (1)-(2) | *t-Test* (1)-(2) |
|---|---|---|---|---|---|---|
| 2012 年 试点政策 | *entrepnum* | 政策前 | 145286 | 10935 | -0.2306 | -50.9786*** |
| | | 政策后 | 153682 | 11221 | -0.6318 | -32.0607*** |
| | *entrepper* | 政策前 | 125774 | 10935 | -2.7656 | -24.9953*** |
| | | 政策后 | 116177 | 9621 | -6.1230 | -16.7516*** |
| 2016 年 试点政策 | *entrepnum* | 政策前 | 198784 | 39296 | -0.2206 | -47.2919*** |
| | | 政策后 | 69655 | 13389 | -0.6437 | -27.0168*** |
| | *entrepper* | 政策前 | 169098 | 39296 | -3.0460 | -30.7206*** |
| | | 政策后 | 44326 | 9787 | -7.4904 | -15.5859*** |

注：***、**、*分别表示在1%、5%、10%的水平上显著。

## 三、计量模型设计

国家知识产权局的专利质押试点为研究专利质押如何影响创业活跃度提供了一个良好的自然实验环境。考虑到专利质押试点是分批次实施，本章采用交叠双重差分法研究其对创业活跃度的影响，计量模型设定如下：

$$entrep_{cit} = \alpha_0 + \alpha_1 \, did_{ct} + \beta \, control_{ct} + \mu_c + \gamma_i + \lambda_t + \varepsilon_{cit} \qquad (5-1)$$

其中，$c$ 表示城市，$i$ 表示行业，$t$ 表示时间，$entrep_{cit}$ 表示城市 $c$ 行业 $i$ 时间 $t$ 的创业活跃度，$did_{ct}$ 表示专利质押试点实施与否的虚拟变量，$control_{ct}$ 表示影响创业活跃度的地区层面控制变量，$\mu_c$ 表示城市固定效应，$\gamma_i$ 表示行业固定效应，$\lambda_t$ 表示年度固定效应，$\varepsilon_{cit}$ 表示随机扰动项。

基于专利质押试点对不同行业创业的影响强度可能存在差别，本章进一步利用广义双重差分法，检验其对行业间创业活跃度的影响效果差异，模型设定如下：

$$entrep_{cit} = \alpha_0 + \alpha_1 \, ddd_{cit} + \alpha_2 \, did_{ct} + \beta \, control_{ct} + \mu_c + \gamma_i + \lambda_t + \varepsilon_{cit} \qquad (5-2)$$

其中，核心解释变量$ddd_{cit}$表示$did_{ct}$与政策实施强度变量$pledge_i$的交互项[1]，强度变量$pledge_i$表示政策冲击前 2005～2007 年行业 $i$ 的平均质押率，其他变量与式（5-1）相同。

---

[1] 由于强度变量只有行业属性，在模型已包含行业固定效应的情况下，无须再报告强度变量回归系数。

# 第二节
# 实证结果分析

## 一、基准回归结果

### (一)专利质押融资试点对创业活跃度的影响

表5-4为利用式(5-1)检验专利质押融资试点影响创业活跃度的回归结果。其中,第(1)列至第(3)列和第(4)列至第(6)列分别以新创企业总数 entrepnum 和人均新创企业数 entrepper 为被解释变量,第(1)列、第(4)列是未纳入控制变量及固定效应的估计结果,第(2)列、第(5)列是加入城市、行业、年度固定效应的估计结果,第(3)列、第(6)列是在此基础上加入城市层面控制变量的估计结果。回归结果显示,无论在何种情况下,专利质押融资试点 did 的系数均在1%的水平上显著为正,表明专利质押融资试点的实施能显著提升创业活跃度。从经济意义上分析,以第(3)列和第(6)列结果为例,核心解释变量的系数分别为0.258和2.629,这意味着与没有实施专利质押融资试点的地区相比,试点地区在城市—行业层面的新创企业总数将平均增加258家,人均新创企业数量将平均新增2.629家/千人。

**表5-4　专利质押融资试点对创业活跃度的影响**

| 变量 | 新创企业总数(entrepnum) | | | 人均新创企业数(entrepper) | | |
|---|---|---|---|---|---|---|
| | (1) | (2) | (3) | (4) | (5) | (6) |
| *did* | 0.612 *** | 0.325 *** | 0.258 *** | 7.972 *** | 3.187 *** | 2.629 *** |
| | (0.025) | (0.026) | (0.032) | (0.386) | (0.494) | (0.572) |
| 控制变量 | 否 | 否 | 是 | 否 | 否 | 是 |
| 城市固定效应 | 否 | 是 | 是 | 否 | 是 | 是 |
| 行业固定效应 | 否 | 是 | 是 | 否 | 是 | 是 |
| 年度固定效应 | 否 | 是 | 是 | 否 | 是 | 是 |

| 变量 | 新创企业总数（entrepnum） | | | 人均新创企业数（entrepper） | | |
|---|---|---|---|---|---|---|
| | （1） | （2） | （3） | （4） | （5） | （6） |
| $R^2$ | 0.0113 | 0.1629 | 0.1834 | 0.0068 | 0.2874 | 0.2709 |
| 样本量 | 321124 | 321096 | 242582 | 262507 | 262481 | 242582 |

## （二）专利质押融资试点对创业活跃度的跨行业影响

本章进一步结合式(5-2)检验专利质押融资试点对创业活跃度的跨行业影响。表5-5各列固定效应和控制变量的引入顺序与表5-4一致。结果显示，专利质押试点 did 和强度变量 pledge 的交互项 ddd 均在1%的水平上显著为负，说明专利质押融资试点对初期专利质押率更低行业创业活跃度的提升效应更强。以第（3）列和第（6）列结果为例，ddd 的系数分别为−0.450和−5.884，表明行业的强度变量减少一个四分位距，政策冲击带来的创业效应将使城市—行业层面的新创企业总数和人均新创企业数量较平均值分别新增72.39%和39.90%[①]。

表5-5　专利质押融资试点对创业活跃度的跨行业影响

| 变量 | 新创企业总数（entrepnum） | | | 人均新创企业数（entrepper） | | |
|---|---|---|---|---|---|---|
| | （1） | （2） | （3） | （4） | （5） | （6） |
| ddd | −0.592 *** | −0.495 *** | −0.450 *** | −8.556 *** | −6.126 *** | −5.884 *** |
| | （0.026） | （0.025） | （0.028） | （0.415） | （0.375） | （0.406） |
| did | 0.805 *** | 0.487 *** | 0.404 *** | 10.764 *** | 5.188 *** | 4.549 *** |
| | （0.033） | （0.032） | （0.039） | （0.510） | （0.595） | （0.682） |
| 控制变量 | 否 | 否 | 是 | 否 | 否 | 是 |
| 城市固定效应 | 否 | 是 | 是 | 否 | 是 | 是 |
| 行业固定效应 | 否 | 是 | 是 | 否 | 是 | 是 |
| 年度固定效应 | 否 | 是 | 是 | 否 | 是 | 是 |
| $R^2$ | 0.015 | 0.165 | 0.186 | 0.009 | 0.289 | 0.272 |
| 样本量 | 321124 | 321096 | 242582 | 262507 | 262481 | 242582 |

---

① 由于 $d(entrepnum)/d(pledge) = -0.450 \times did$，当从 pledge 第三四分位数 0.370 减少至第一四分位数 0.0000，专利质押融资试点的实施将使新创企业总数的变化率为 $d(entrepnum)/entrepnum = [(-0.450 \times did) \times d(pledge)]/entrepnum = 0.7239$；专利质押试点使人均新创企业数量的变化率为 $d(entrepnum)/entrepnum = [(-5.884 \times did) \times d(pledge)]/entrepper = 0.3990$。

## 二、内生性处理

### (一)工具变量法

国家知识产权局在选择专利质押政策的试点时,可能存在一定偏好,造成政策冲击并非完全是由于外生事件,需处理由政策试点选择倾向导致的内生性问题。本章采用滞后两期的各省份知识产权局局长是否具有经济类或管理类的教育背景或从业背景的虚拟变量 $iv$ 作为 $did$ 的工具变量,采用 $did$ 工具变量和与强度变量 $pledge$ 的交互项作为 $ddd$ 的工具变量。从相关性来看,2008 年颁布的《全国知识产权质押融资工作试点方案(试行)》中明确提出试点地区的遴选方式是由各地知识产权局提出申请并经所在地省级知识产权局推荐。同时,纳入试点地区应当对该试点政策高度重视,参与试点工具有积极性和主动性,且当地具备一定的制度基础。本章考虑到各省份的知识产权局局长若拥有经管类教育或从业背景,更可能了解该项政策的重要价值,主动申请积极性较高。另外,从专利质押政策试点申请到审批执行存在滞后期,因而选择前两期的各省份知识产权局局长的经管背景虚拟变量作为工具变量。从外生性来看,省知识产权局局长的经管背景难以直接影响城市创业活跃度,也无法通过经济发展和金融发展等其他渠道影响城市创业活跃度,本章在后续也将对此进行详细讨论。

表 5-6 为采用工具变量进行两阶段最小二乘法的回归结果。其中,第(1)列和第(2)列是分别以 $ddd$ 和 $did$ 为被解释变量的第一阶段回归结果,$Kleibergen\text{-}Paap\ rk\ LM$ 统计量为 42.38,显示工具变量通过了不可识别检验,弱工具变量的 $Cragg\text{-}Donald\ Wald\ F$ 统计量为 25.041 亦通过检验;第(3)列和第(4)列是分别以新创企业总数和人均新创企业数为被解释变量的第二阶段回归结果。结果表明专利质押试点对初期专利质押率更低行业创业活跃度的提升效应更强,即在缓解内生性问题后,基准回归结果依然稳健。

表 5-6 工具变量法

| 变量 | 第一阶段 | | 第二阶段 | | 工具变量外生性检验 | | | |
|---|---|---|---|---|---|---|---|---|
| | (1) | (2) | (3) | (4) | (5) | (6) | (7) | (8) |
| | $ddd$ | $did$ | $entrepnum$ | $entrepper$ | $entrepnum$ | $entrepper$ | $entrepnum$ | $entrepper$ |
| $iv{\times}pledge$ | 0.0244*** | 0.000 | | | | | | |
| | (0.004) | (0.001) | | | | | | |

续表

| 变量 | 第一阶段 | | 第二阶段 | | 工具变量外生性检验 | | | |
|---|---|---|---|---|---|---|---|---|
| | (1) | (2) | (3) | (4) | (5) | (6) | (7) | (8) |
| | ddd | did | entrepnum | entrepper | entrepnum | entrepper | entrepnum | entrepper |
| iv | -0.006*** (0.001) | 0.009*** (0.001) | | | 0.007 (0.014) | 0.009 (0.223) | -0.023 (0.015) | -0.256 (0.212) |
| ddd | | | -3.976*** (0.703) | -43.444*** (8.352) | | | -0.458*** (0.029) | -5.976*** (0.417) |
| did | | | -1.186 (1.755) | -13.215 (24.563) | | | 0.413*** (0.041) | 4.561*** (0.738) |
| 控制变量 | 是 | 是 | 是 | 是 | 是 | 是 | 是 | 是 |
| 城市固定效应 | 是 | 是 | 是 | 是 | 是 | 是 | 是 | 是 |
| 行业固定效应 | 是 | 是 | 是 | 是 | 是 | 是 | 是 | 是 |
| 年度固定效应 | 是 | 是 | 是 | 是 | 是 | 是 | 是 | 是 |
| Kleibergen-Ppaap rk LM | 42.38 | | | | | | | |
| Cragg-Donald Wald F | 25.041 | | | | | | | |
| 样本量 | 215990 | 215990 | 215990 | 215990 | 46504 | 46504 | 215990 | 215990 |

在此基础上，本章检验工具变量的外生性，即省知识产权局局长的经管背景只能通过影响专利质押试点作用于城市创业活跃度。参考方颖和赵扬（2011）的做法：第一，为证明知识产权局局长的经管背景仅在专利质押试点后才影响城市创业活跃度，本章剔除了2008年后续年份样本数据，采用城市创业活跃度对局长经管背景进行回归，研究结果如第（5）列和第（6）列所示，验证在专利质押试点实施之前，知识产权局局长的经管背景无法直接影响城市创业活动。第二，为验证工具变量仅通过专利质押试点作用于城市创业活跃度，本章将核心解释变量和工具变量同时对创业活跃度进行回归，第（7）列和第（8）列结果显示，当控制专利质押试点时，工具变量对创业活跃度的作用系数不显著，而核心解释变量专利质押试点的系数显著，说明工具变量不会通过其他途径直接影响创业效应，验证了工具变量的外生性。

## （二）剔除部分样本

在创业活动较活跃的城市，地方政府为进一步引导社会创业行为，实施专利质押的积极性相对更高；同时，对于技术创新行为较密集的行业，也更容易吸引风险投资提供股权融资。为排除回归结果是由这部分样本所驱动的，表5-7分别汇报了剔除新创企业数排名前10%的城市样本和剔除专利授权数排名前10%的行业样本后的回归结果。由表5-7可以看出，在剔除新创企业数排名前10%的城市样本后，$ddd$ 的系数仍显著为负，说明原本创业活动较活跃的地区并不会对基准结果造成显著影响；在剔除专利授权数排名前10%的行业样本后，$ddd$ 仍在1%水平上显著为负，表明在排除高创新密集度行业后，实施专利质押融资试点仍然能有效提升创业活跃度。

表5-7 剔除部分样本

| 变量 | 剔除创业活动前10%城市 | | 剔除技术创新前10%行业 | |
|---|---|---|---|---|
| | （1） | （2） | （3） | （4） |
| | entrepnum | entrepper | entrepnum | entrepper |
| $ddd$ | −0.109 *** | −3.004 *** | −0.436 *** | −5.787 *** |
| | （0.010） | （0.300） | （0.027） | （0.392） |
| $did$ | 0.094 *** | 2.422 *** | 0.412 *** | 4.594 *** |
| | （0.018） | （0.513） | （0.042） | （0.726） |
| 控制变量 | 是 | 是 | 是 | 是 |
| 城市固定效应 | 是 | 是 | 是 | 是 |
| 行业固定效应 | 是 | 是 | 是 | 是 |
| 年度固定效应 | 是 | 是 | 是 | 是 |
| $R^2$ | 0.384 | 0.383 | 0.186 | 0.272 |
| 样本量 | 215115 | 215115 | 220094 | 220094 |

## （三）调整样本筛选标准

本章的被解释变量是按照城市—行业—年度三个维度统计的所有新创企业数量，但若已经创业成功的企业申请专利质押，则可能放大专利质押融资试点的创业激励效应。为此，本章按照专利质押应当先于创业活动，或者两类活动同年度发生的标准，重新筛选和统计新创企业数量，解决测量误差造成的内生性问题。具体而言，本章对 incoPat 全球专利数据库的 30 多万条专利质押原始数据进行如下处理：第一，对于专利申请人为企业的样本，本章利用工商注册号将其与天眼查工商注册数据匹配，筛选出专利质押年份小于或等于企业成立年份的样本。第二，考虑到在位企业的技术人员离职后再进行创业活动的可能性，本章对于专利申请人为企业的样本，利用专利发明人的姓名、城市、行业与天眼查工商注册数据中法定代表人的姓名、城市、行业进行匹配，同样筛选出专利质押年份小于或等于企业成立年份的样本。第三，对于专利申请人为非企业(个人、大专院校、科研单位和机关团体等)的样本，无法采用工商注册号匹配数据，本章利用专利发明人的姓名、城市、行业与天眼查工商注册数据中法定代表人的姓名、城市、行业进行匹配①，同样筛选出专利质押年份小于或等于企业成立年份的样本。第四，合并这三类数据，根据工商注册号删除重复样本，锁定先质押专利后注册新公司的样本，进行更为干净的政策效应识别。

表 5-8 的第(1)列和第(2)列是以城市—行业—年度层面的先质押后创业的新创企业总数和人均新创企业数为被解释变量，回归结果的显著性水平至少达 5%。考虑到在位企业或机构的技术人员在预期专利产出可以通过专利质押获取资金，从而进行创业活动的可能性，表 5-8 的第(3)列和第(4)列是在采用专利发明人的姓名、城市、行业与天眼查工商注册数据中法定代表人的姓名、城市、行业进行匹配的样本基础上(上述第二、三类样本)，筛选出专利申请人为非个人(企业、大专院校、科研单位和机关团体等)的样本，重新进行回归，回归结果显示 $ddd$ 系数结果仍显著为负，验证了基准回归结果的可靠性。

表 5-8　调整样本筛选标准

| 变量 | 考虑先质押后创业样本 | | 考虑在位技术人员创业 | |
|---|---|---|---|---|
| | (1) | (2) | (3) | (4) |
| | entrepnum | entrepper | entrepnum | entrepper |
| $ddd$ | -0.268** (0.109) | -5.176*** (1.261) | -0.271** (0.108) | -5.266*** (1.265) |

① 虽然专利发明人不一定会成为企业法人，但由于数据限制，本书只能使用新创企业法人与专利发明人匹配识别专利质押先于创业活动的样本，即锁定由专利质押试点产生的创业效应。

| 变量 | 考虑先质押后创业样本 | | 考虑在位技术人员创业 | |
|---|---|---|---|---|
| | （1） | （2） | （3） | （4） |
| | *entrepnum* | *entrepper* | *entrepnum* | *entrepper* |
| *did* | 0.953 *** <br>（0.131） | 11.561 *** <br>（2.356） | 0.924 *** <br>（0.132） | 11.335 *** <br>（2.389） |
| 控制变量 | 是 | 是 | 是 | 是 |
| 城市固定效应 | 是 | 是 | 是 | 是 |
| 行业固定效应 | 是 | 是 | 是 | 是 |
| 年度固定效应 | 是 | 是 | 是 | 是 |
| $R^2$ | 0.236 | 0.238 | 0.237 | 0.239 |
| 样本量 | 26381 | 26381 | 24616 | 24616 |

# 三、稳健性检验

## （一）平行趋势检验

采用双重差分模型评估专利质押融资试点政策的创业效应，其前提在于试点城市与非试点城市在试点政策实施前创业活跃度保持一致的变化趋势，即满足平行趋势假设。由于专利质押融资试点政策分批推行，因而试点城市接受政策冲击存在多个时期，不能简单地将某一年作为政策施行临界点设置时间虚拟变量，而应该使用事件研究法（Event Study Method）对各试点城市设定专利质押融资试点政策发生的相对时间检验政策动态处理效应（宋弘等，2019；Clarke and Tapia-Schythe，2021；Barrios，2021）。

图 5-2 描述了在 90% 置信水平上的专利质押融资试点政策的平行趋势检验图。其中，横轴代表距离试点政策的相对时间，负数为政策开始前年份，正数为政策开始后年份；纵轴代表平均处理效应，即专利质押政策发生前/后的第 |k| 年的回归系数差异；虚线 x=0 为基准期，即专利质押融资试点政策颁布当年。图 5-2（a）和图 5-2（b）表明，在专利质押政策出台前，试点地区与非试点地区新创企业总数和人均新创企业数均不存在显著差异且数值较小，满足平行趋势假设；而在试点政策实施后，新创企业总数受政策影响的创业效应不断攀升，对人均新创企业的政策处理效应随时间变化逐步增强。综上所述，以上结果说明政策动态效应的成立。

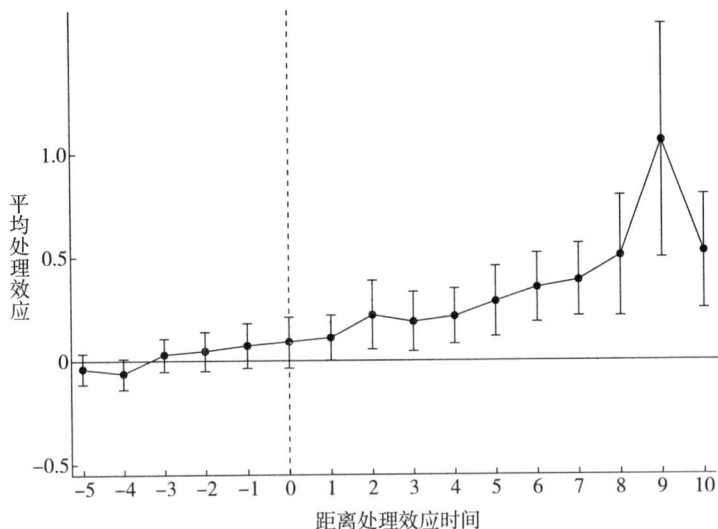

（a）新创企业总数（*entrepnum*）

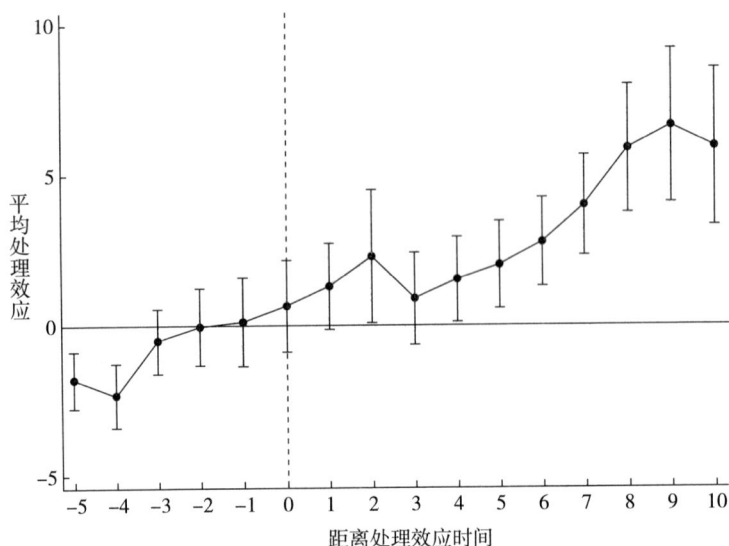

（b）人均新创企业数（*entrepper*）

**图 5-2　平行趋势检验和动态效应识别**

注：横轴代表距离试点政策的相对时间，负数为政策开始前年份，正数为政策开始后年份；虚线代表基准期，即专利质押试点实施当年。纵轴代表平均处理效应，即专利质押政策发生前/后的第 | k | 年的回归系数差异。

## （二）安慰剂检验

尽管本章在双重差分模型中控制了地区层面的控制变量，但为缓解城市—行业—时间层面不可观测因素带来的"隐性偏差"问题，本章进一步从所有样本中随机抽取与真实试点城市等量的伪处理组，同时考虑到多期 *did* 中试点政策冲击时间存在差异，在随机生成伪实验组的同时为每个样本在 2005～2019 年随机设定某一年作为政策发生时间，并将上述抽样重复 500 次，使用基准回归模型估计政策效果进行安慰剂检验（Cai et al. ，2016）。

图 5-3 展示了 500 次专利质押融资政策的安慰剂检验图。图 5-3（a）和图 5-3（b）的结果显示，由于随机生成的伪实验组和随机指定的伪处理时间并非真实，故试点政策对新创企业总数和人均新创企业数的回归系数主要集中在 0 附近，且 *p* 值大多高于 0.1，实际政策估计系数显著异于安慰剂测试结果且不显著，意味着虚拟政策试点与创业行为并无直接关系，专利质押融资试点政策确实存在政策效果，而非偶然观测的意外因素推动。

## （三）异质性处理效应

由于多期双重差分模型中同一处理效应对不同个体可能产生的差异化效果，若使用上述传统双向固定效应模型（TWFE）进行因果推断和政策评估，即不考虑接受处理后的时长或不同时点接受处理的组别两个维度的异质性，回归结果都将出现一定估计偏误。为修正多期 DID 研究中 TWFE 估计量的潜在偏误，本章使用多种异质性—稳健估计量（Heterogeneity-Robust

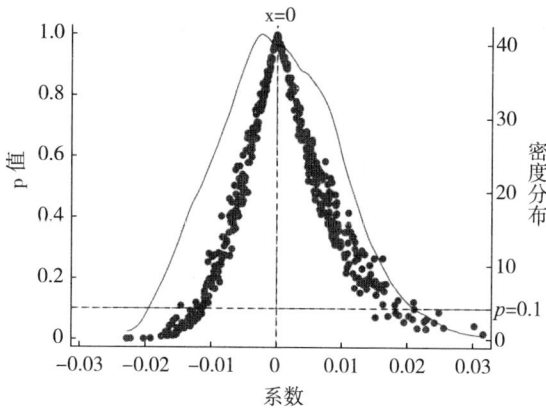

（a）新创企业总数（*entrepnum*）

**图 5-3 安慰剂检验**

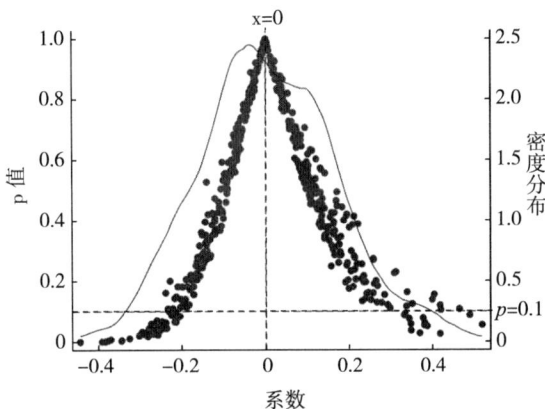

（b）人均新创企业数（*entrepper*）

**图 5-3  安慰剂检验（续）**

注：黑点代表估计系数对应 p 值的散点图，曲线代表估计系数核密度分布的曲线图，垂直虚线代表 x=0 的分界线，水平虚线代表 p=0.1 的分界线。

Estimator），通过寻找一个合理控制组或利用控制组计算合理反事实结果变量，以解决处理效应的异质性问题（刘冲等，2022）。

图 5-4 描绘了采用六种异质性—稳健估计方法的事件研究结果，对比专利质押融资试点政策处理效应的平行性趋势。针对异质性处理效应问题，本章通过计算组别—时期加权平均处理效应（Sun and Abraham，2021；Callaway and Sant'Anna，2021；De Chaisemartin and D'Haultfoeuille，2024）、利用插补方法构造合理的反事实控制组（Borusyak et al.，2024）、按照相对事件时间堆叠数据回归估计处理效应（Cengiz et al.，2019）等方法解决上述问题。总的来说，图 5-4（a）和图 5-4（b）使用事件研究法检验了六种异质性—稳健估计量，基本满足平行趋势假设与政策动态效应，且在一定程度上异质性处理效应对本书的估计结果并无实质性影响，即专利质押融资试点政策的实施能显著增加新创企业总数和人均新创企业。

**（四）排除其他政策的混杂效应**

在样本期内（2005~2019 年），我国政府还实施了其他相关政策激励创业和创新活动。2009 年，人力资源和社会保障部办公厅印发的《人力资源和社会保障部办公厅关于公布首批国家创建创业型城市名单的通知》公布了 78 个国家创业型试点城市（曾婧婧和温永林，2021）。国家知识产权局

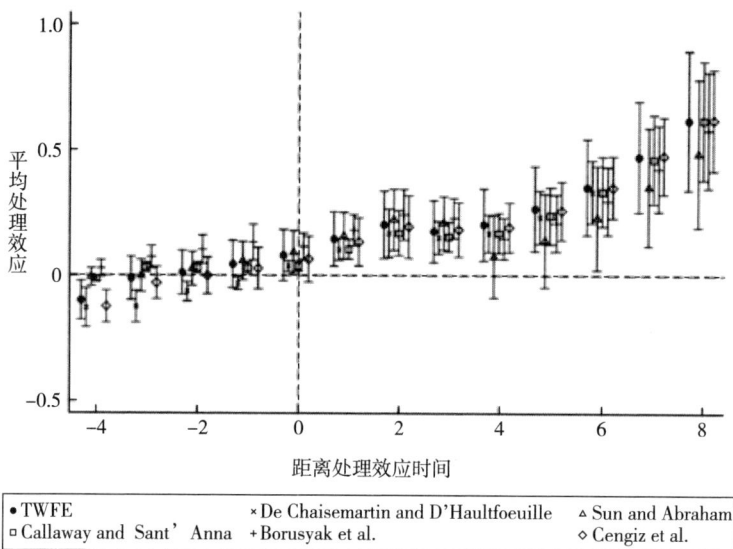

（a）新创企业总数（*entrepnum*）

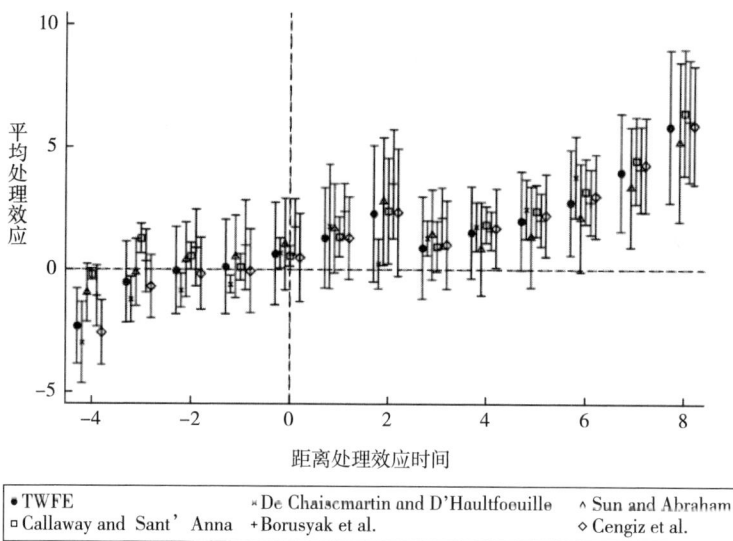

（b）人均新创企业数（*entrepper*）

**图 5-4　异质性处理效应**

注：英文图例代表的是异质性处理效应的六种方法，其中，TWFE 代表双向固定效应模型；De Chaisemartin and D'Haultfoeuille、Sun and Abraham、Callaway and Sant'Anna 代表组别—时期加权平均处理效应；Borusyak et al. 代表利用插补方法构造合理的反事实控制组方法；Cengiz et al. 代表按照相对事件时间堆叠数据回归估计处理效应，全书余同。

自 2012 年起分三批开展专利保险试点工作（龙小宁和林菡馨，2018）。科技部、国家发展改革委于 2016 年底联合印发《建设创新型城市工作指引》公布了 61 个国家创新型试点城市名单（白俊红等，2022）。国务院于 2015 年底印发了《推进普惠金融发展规划（2016—2020 年）》（宋敏等，2021）。

表 5-9 采用两种方法排除上述政策的混杂效应：一是在基准模型中依次加入国家创业型城市试点、国家创新型城市试点和专利保险试点政策实施的虚拟变量 didother。由于普惠金融发展规划的实施对象是所有地区，为明确区分实验组和对照组，本章按照宋敏等（2021）的做法根据 2015 年中国各地级市数字普惠金融总指数中位数，划分对照组和实验组，并设置该项政策实施的虚拟变量 didother，尽量控制上述政策对估计结果的干扰。二是通过剔除受上述政策影响的实验组样本，以排除其他政策的干扰。

**表 5-9　排除其他政策的混杂效应**

| 变量 | 控制干扰政策的虚拟变量 | | 剔除干扰政策实验组样本 | | 控制干扰政策的虚拟变量 | | 剔除干扰政策实验组样本 | |
| --- | --- | --- | --- | --- | --- | --- | --- | --- |
| | 国家创业型城市试点 | | | | 国家创新型城市试点 | | | |
| | （1） | （2） | （3） | （4） | （5） | （6） | （7） | （8） |
| | entrepnum | entrepper | entrepnum | entrepper | entrepnum | entrepper | entrepnum | entrepper |
| $ddd$ | −0.449 *** | −5.878 *** | −0.182 *** | −4.774 *** | −0.450 *** | −5.883 *** | −0.521 *** | −7.018 *** |
| | （0.028） | （0.407） | （0.024） | （0.666） | （0.028） | （0.406） | （0.043） | （0.618） |
| $did$ | 0.329 *** | 3.893 *** | 0.205 *** | 4.679 *** | 0.401 *** | 4.494 *** | 0.494 *** | 6.057 *** |
| | （0.038） | （0.699） | （0.044） | （1.157） | （0.040） | （0.688） | （0.056） | （0.977） |
| $didother$ | 0.484 *** | 4.238 *** | | | 0.037 *** | 0.682 *** | | |
| | （0.051） | （0.691） | | | （0.010） | （0.191） | | |
| 控制变量 | 是 | 是 | 是 | 是 | 是 | 是 | 是 | 是 |
| 城市固定效应 | 是 | 是 | 是 | 是 | 是 | 是 | 是 | 是 |
| 行业固定效应 | 是 | 是 | 是 | 是 | 是 | 是 | 是 | 是 |
| 年度固定效应 | 是 | 是 | 是 | 是 | 是 | 是 | 是 | 是 |
| $R^2$ | 0.188 | 0.273 | 0.276 | 0.303 | 0.186 | 0.272 | 0.180 | 0.293 |
| 样本量 | 242582 | 242582 | 190152 | 190152 | 242582 | 242582 | 176903 | 176903 |

| 变量 | 专利保险政策试点 | | | | 推进普惠金融发展规划 | |
|---|---|---|---|---|---|---|
| | (9) | (10) | (11) | (12) | (13) | (14) |
| | *entrepnum* | *entrepper* | *entrepnum* | *entrepper* | *entrepnum* | *entrepper* |
| *ddd* | −0. 449 *** | −5. 877 *** | −0. 210 *** | −3. 432 *** | −0. 450 *** | −5. 884 *** |
| | (0. 028) | (0. 407) | (0. 018) | (0. 324) | (0. 028) | (0. 407) |
| *did* | 0. 313 *** | 3. 538 *** | 0. 231 *** | 3. 174 *** | 0. 373 *** | 3. 872 *** |
| | (0. 037) | (0. 639) | (0. 029) | (0. 541) | (0. 039) | (0. 676) |
| *didother* | 0. 353 *** | 3. 911 *** | | | 0. 179 *** | 3. 902 *** |
| | (0. 045) | (0. 720) | | | (0. 014) | (0. 251) |
| 控制变量 | 是 | 是 | 是 | 是 | 是 | 是 |
| 城市固定效应 | 是 | 是 | 是 | 是 | 是 | 是 |
| 行业固定效应 | 是 | 是 | 是 | 是 | 是 | 是 |
| 年度固定效应 | 是 | 是 | 是 | 是 | 是 | 是 |
| $R^2$ | 0. 187 | 0. 273 | 0. 301 | 0. 371 | 0. 187 | 0. 273 |
| 样本量 | 242582 | 242582 | 212962 | 212962 | 242582 | 242582 |

### (五)被解释变量再度量

考虑到城市间、行业间的新创企业数量差异较大,本章构造创业活跃度的对数指标重新评估专利质押试点的创业效应,表 5-10 第(1)列和第(2)列分别为新创企业总数和人均新创企业的对数。此外,本章还结合微观调研数据重新检验基准回归结果的稳健性,采用 2012 年、2014 年、2016 年和 2018 年中国劳动力动态调查数据(China Labor-force Dynamics Survey,CLDS)更精细化识别试点政策的经济效应,表 5-10 第(3)列被解释变量为 15~64 岁劳动力是否创业的二值变量(叶文平等,2018),在基准回归控制变量的基础上,本章引入个体特征(年龄、性别、受教育年限)、家庭特征(少儿和老年抚养比、家庭人均收入对数、家庭人均消费对数)的控制变量;表 5-10 第(4)列被解释变量是上述数据加总到城市—行业(门类)—年度层面的创业人数。

表 5-10　被解释变量再度量

| 变量 | 创业活跃度的对数 | | CLDS 调查数据 | |
|---|---|---|---|---|
| | （1） | （2） | （3） | （4） |
| | *lnentrepnum* | *lnentrepper* | *entrep_ind* | *entrep_city* |
| ddd | −0.096 *** | −0.203 *** | −0.030 *** | −5.910 *** |
| | （0.004） | （0.010） | （0.010） | （2.046） |
| did | 0.069 *** | 0.078 *** | 0.025 | 2.071 |
| | （0.004） | （0.009） | （0.016） | （1.375） |
| 控制变量 | 是 | 是 | 是 | 是 |
| 城市固定效应 | 是 | 是 | 是 | 是 |
| 行业固定效应 | 是 | 是 | 是 | 是 |
| 年度固定效应 | 是 | 是 | 是 | 是 |
| $R^2$ | 0.560 | 0.733 | 0.277 | 0.430 |
| 样本量 | 242582 | 242582 | 35083 | 4339 |

## （六）控制多维固定效应

针对回归模型设定存在遗漏变量的担忧，本章考虑使用城市—行业固定效应、城市—年度固定效应、行业—年度固定效应代替单独的城市固定效应、行业固定效应、年度固定效应，这一系列固定效应能分别控制不同城市行业维度的差异、城市层面随时间变化的不可观测变量、行业层面随时间变化的不可观测变量，从而减少估计结果偏误。从表 5-11 的回归结论可得，在控制上述多维固定效应后，关键变量 ddd 的估计系数依旧在 1% 的水平上显著为负，与基准回归结果保持一致，进一步证明研究结论较为稳健。

表 5-11　控制多维固定效应

| 变量 | 固定城市—行业效应 | | 固定行业—年度效应 | | 固定城市—年度效应 | |
|---|---|---|---|---|---|---|
| | （1） | （2） | （3） | （4） | （5） | （6） |
| | *entrepnum* | *entrepper* | *entrepnum* | *entrepper* | *entrepnum* | *entrepper* |
| ddd | −0.450 *** | −7.098 *** | −0.378 *** | −4.181 *** | −0.447 *** | −5.863 *** |
| | （0.029） | （0.523） | （0.026） | （0.356） | （0.029） | （0.415） |
| did | 0.414 *** | 5.211 *** | 0.388 *** | 4.135 *** | | |
| | （0.035） | （0.646） | （0.037） | （0.630） | | |

| 变量 | 固定城市—行业效应 | | 固定行业—年度效应 | | 固定城市—年度效应 | |
|---|---|---|---|---|---|---|
| | （1） | （2） | （3） | （4） | （5） | （6） |
| | *entrepnum* | *entrepper* | *entrepnum* | *entrepper* | *entrepnum* | *entrepper* |
| 控制变量 | 是 | 是 | 是 | 是 | 是 | 是 |
| 城市固定效应 | 否 | 否 | 是 | 是 | 否 | 否 |
| 行业固定效应 | 否 | 否 | 否 | 否 | 是 | 是 |
| 年度固定效应 | 是 | 是 | 否 | 否 | 否 | 否 |
| 城市—行业固定效应 | 是 | 是 | 否 | 否 | 否 | 否 |
| 行业—年度固定效应 | 否 | 否 | 是 | 是 | 否 | 否 |
| 城市—年度固定效应 | 否 | 否 | 否 | 否 | 是 | 是 |
| $R^2$ | 0.530 | 0.549 | 0.279 | 0.400 | 0.203 | 0.286 |
| 样本量 | 242299 | 242299 | 242582 | 242582 | 242582 | 242582 |

注：由于 *did* 只有城市—年度属性，在固定城市—年度效应的情况下，无须再报告对应变量系数。

# 第三节
# 影响机制识别

由于中介效应模型叮能存在的估计偏误问题，本章采用调节效应分析专利质押融资试点影响创业活跃度的作用机理（江艇，2022），计量模型设计如下：

$$entrep_{cit} = \alpha_0 + \delta_1 mech_{c/i} \times ddd_{cit} + \alpha_1 ddd_{cit} + \delta_2 mech_{c/i} \times did_{ct} + \quad （5-3）$$
$$\alpha_2 did_{ct} + \beta control_{ct} + \mu_c + \gamma_i + \lambda_t + \varepsilon_{cit}$$

其中，$mech_{c/i}$ 表示匹配到城市 $c$ 或行业 $i$ 的机制变量；$mech_{c/i} \times ddd_{cit}$ 表

示机制变量与关键解释变量交互项构造的调节效应①，用于识别专利质押试点对创业活跃度的作用机制；其他变量含义与式（5-1）相同。在运用调节变量做因果推断研究时，一个好的机制变量要求本身应该较为稳定或其变动是外生的，即不受处理变量或结果变量的影响（Balli and Sorensen，2013），故本章选择化解资金短缺困境机制变量和分担创业风险机制变量时，重点关注、分析机制变量的外生性特征。

## 一、化解资金短缺困境

本章选择资本密集型行业、行业资本支出份额和行业有形资产可用性衡量融资约束程度，作为化解创业资金困境的机制变量。首先，参考马述忠和郭继文（2022）的做法，甄别资金周转慢、投资回报周期长、外部融资依赖程度高的行业，将其定义为资本密集型行业。此外，考虑到美国金融市场发展相对较为完善，可合理近似为拥有最优资产结构和资本供给，企业外部融资占比能反映其真实的资金需求；且选择美国数据可确保行业融资约束指标不会受国内金融发展的内生性影响，故选取美国资本支出份额和有形资产可用性衡量行业融资约束（Manova 等，2015）。其次，借鉴 Chen 等（2020）的做法，按照《国民经济行业分类》与《所有经济活动的国际标准行业分类》对照表将国际标准行业分类（ISICRev. 4）与国民经济行业分类（GB/T 4754—2017）匹配，得到中国各行业融资约束程度指标。

表5-12 列示了专利质押融资试点政策通过化解资金短缺困境，影响创业活跃度的机制。其中，资本密集型行业 cap 为二值变量，资本密集型行业取值为1，否则取值为0；资本支出份额 ext 为与固定成本有关的用于识别企业长期投资项目外部资金的指标，随企业融资约束的增强而提高；相反，有形资产可用性 tan 是使用企业工厂、土地和设备份额占比表示的有形抵押品融资情况，其随企业融资约束的增强而下降。表5-12 的回归结果表明，cap×ddd 和 inv×ddd 的系数为正，tan×ddd 的系数显著为负，说明资本密集度高、外源融资依赖度高和面临更高融资约束的行业，更有可能从专利质押融资试点政策中受益，即试点政策能更好满足该行业

---

① 由于机制变量只有城市或行业属性，在模型已包含城市固定效应和行业固定效应的情况下，无须再报告机制变量回归系数。

融资需求，更大幅度缓解资金短缺对创业活动的约束。假说 H4 由此得到
验证。

表 5-12　化解资金短缺困境的机制

| 变量 | 资本密集型行业($cap$) | | 行业资本支出份额($ext$) | | 行业有形资产可用性($tan$) | |
|---|---|---|---|---|---|---|
| | （1） | （2） | （3） | （4） | （5） | （6） |
| | $entrepnum$ | $entrepper$ | $entrepnum$ | $entrepper$ | $entrepnum$ | $entrepper$ |
| $mech_1 \times ddd$ | 0.087 *** | 1.289 *** | 0.341 *** | 8.808 *** | −0.647 ** | −31.431 *** |
| | （0.018） | （0.481） | （0.068） | （1.834） | （0.282） | （7.943） |
| $ddd$ | −0.127 *** | −2.311 *** | −0.079 *** | −1.971 *** | 0.224 ** | 11.391 *** |
| | （0.015） | （0.371） | （0.009） | （0.263） | （0.107） | （3.031） |
| $mech_1 \times did$ | −0.028 | −0.256 | −0.004 | −1.692 ** | −0.286 ** | −1.527 |
| | （0.017） | （0.483） | （0.036） | （0.818） | （0.120） | （2.582） |
| $did$ | 0.073 *** | 1.474 *** | 0.060 *** | 1.595 *** | 0.115 *** | 0.943 |
| | （0.014） | （0.367） | （0.011） | （0.346） | （0.042） | （0.869） |
| 控制变量 | 是 | 是 | 是 | 是 | 是 | 是 |
| 城市固定效应 | 是 | 是 | 是 | 是 | 是 | 是 |
| 行业固定效应 | 是 | 是 | 是 | 是 | 是 | 是 |
| 年度固定效应 | 是 | 是 | 是 | 是 | 是 | 是 |
| $R^2$ | 0.316 | 0.319 | 0.316 | 0.320 | 0.318 | 0.321 |
| 样本量 | 73361 | 73361 | 73361 | 73361 | 73361 | 73361 |

## 二、分担创业风险

考虑到机制变量的外生性和可得性，本章利用样本期之前（2000~2004
年）的中国工业企业数据库的财务指标和 CVSource 投中数据库中的风险投
资事件数据，构建分担创业风险的机制变量。首先，本章借鉴张杰等
（2013）的做法，对行业内所有企业利息支出与销售收入比值求平均值，测
算该行业获取银行贷款能力 $bank$，识别商业银行通过提供贷款增强企业的
抗风险能力（Cull et al.，2009），该指标越大则商业银行提供的风险分担能
力越强；其次，本章统计了各城市中所有风险投资机构 VC 与私募股权投

资机构 PE 的总交易金额对数值的均值，作为城市风投发展水平 *vcpe* 的代理变量（张学勇和廖理，2011），考察吸引风险投资进入后，其分担创业风险的能力，风投交易总金额越大，则当地风投市场发展更完善，风投分担创业风险的能力越强（强皓凡等，2021）；最后，本章计算各行业所有企业的年化收益率标准差均值，综合衡量行业层面的风险敞口水平 *cat*，当行业风险状况恶化时，行业收益率波动程度增加，风险敞口水平更高（戴鹏毅等，2021）。

表 5-13 显示了分担创业风险的机制检验结果：*bank*×*ddd* 和 *vcpe*×*ddd* 的系数均在 1% 的显著性水平上为负，说明对于银行贷款较少的行业和风投市场发展薄弱的地区，专利质押融资试点政策的推广可使商业银行增加对初创企业的贷款，释放初创企业创新能力信号，吸引风投机构关注和介入，分担创业风险；同时，第（5）列中 *cat*×*ddd* 的系数为正，表明试点政策对于风险敞口更高的行业激励效应更强，专利质押融资试点政策确实能提升初创企业应对商业化障碍时的抗风险能力。假说 H4 由此得到验证。

表 5-13　分担创业风险的机制

| 变量 | 行业银行贷款能力（bank） | | 城市风投发展水平（vcpe） | | 行业收益率波动（cat） | |
|---|---|---|---|---|---|---|
| | （1） | （2） | （3） | （4） | （5） | （6） |
| | *entrepnum* | *entrepper* | *entrepnum* | *entrepper* | *entrepnum* | *entrepper* |
| $mech_2×ddd$ | −0.008 *** | −0.194 *** | −0.160 *** | −1.315 *** | 0.130 *** | 0.911 |
| | （0.001） | （0.040） | （0.017） | （0.158） | （0.031） | （1.091） |
| *ddd* | −0.011 | −0.212 | −0.433 *** | −5.654 *** | −0.084 *** | −1.482 *** |
| | （0.011） | （0.296） | （0.029） | （0.388） | （0.010） | （0.294） |
| $mech_2×did$ | 0.012 *** | 0.280 *** | 0.130 *** | 0.992 *** | −0.181 *** | −1.845 |
| | （0.002） | （0.067） | （0.023） | （0.278） | （0.034） | （1.208） |
| *did* | −0.003 | −0.100 | 0.312 *** | 3.325 *** | 0.101 *** | 1.809 *** |
| | （0.014） | （0.392） | （0.040） | （0.610） | （0.012） | （0.342） |
| 控制变量 | 是 | 是 | 是 | 是 | 是 | 是 |
| 城市固定效应 | 是 | 是 | 是 | 是 | 是 | 是 |
| 行业固定效应 | 是 | 是 | 是 | 是 | 是 | 是 |

| 变量 | 行业银行贷款能力(bank) | | 城市风投发展水平(vcpe) | | 行业收益率波动(cat) | |
|---|---|---|---|---|---|---|
| | (1) | (2) | (3) | (4) | (5) | (6) |
| | entrepnum | entrepper | entrepnum | entrepper | entrepnum | entrepper |
| 年度固定效应 | 是 | 是 | 是 | 是 | 是 | 是 |
| $R^2$ | 0.297 | 0.315 | 0.218 | 0.278 | 0.297 | 0.314 |
| 样本量 | 108971 | 108971 | 108332 | 108332 | 108971 | 108971 |

# 第四节
# 政策靶向与环境约束

## 一、政策靶向特征

专利质押试点作为化解科技型初创企业资金难题的重要手段，其实施效果与创业者筹资难易水平联系紧密。本章依据企业产权将新创企业分为国有企业和非国有企业(包含私营企业、外资企业、港澳台企业、集体企业等)，重新核算两类企业的新创企业总数和人均新创企业，考察试点政策对不同所有制企业的异质性影响。表5-14检验了试点政策对不同所有制企业的异质性影响：专利质押试点对非国有企业的效果显著高于国有企业，基于bdiff检验不同所有制企业样本的ddd系数，显示组间差异显著。说明与国有企业相比，资金约束较大的民营企业更能灵活适应制度变化，抓住专利质押政策红利，化解资金短缺问题，该项政策更能靶向性地支持民营企业创业活动。

表5-14　企业资金获取难度的影响

| 变量 | 新创企业总数(entrepnum) | | 人均新创企业数(entrepper) | |
|---|---|---|---|---|
| | (1) | (2) | (3) | (4) |
| | 国有企业 | 非国有企业 | 国有企业 | 非国有企业 |
| ddd | −0.001 *** | −0.463 *** | 0.003 | −6.058 *** |
| | (0.000) | (0.029) | (0.004) | (0.419) |

| 变量 | 新创企业总数（entrepnum） | | 人均新创企业数（entrepper） | |
|---|---|---|---|---|
| | （1） | （2） | （3） | （4） |
| | 国有企业 | 非国有企业 | 国有企业 | 非国有企业 |
| *difference* | p 值 = 0.000 | | p 值 = 0.000 | |
| *did* | -0.000 * | 0.399 *** | -0.006 | 4.411 *** |
| | （0.000） | （0.040） | （0.005） | （0.694） |
| 控制变量 | 是 | 是 | 是 | 是 |
| 城市固定效应 | 是 | 是 | 是 | 是 |
| 行业固定效应 | 是 | 是 | 是 | 是 |
| 年度固定效应 | 是 | 是 | 是 | 是 |
| $R^2$ | 0.196 | 0.188 | 0.229 | 0.268 |
| 样本量 | 33790 | 215476 | 33790 | 215476 |

专利质押是以专利权中的财产权作为质押标的物，故试点政策效果也受行业技术密集度的影响。本章依据《国民经济行业分类》（GB/T 4754—2017），并参考《高技术产业（制造业）分类（2017）》和《高技术产业（服务业）分类（2018）》将新创企业分为制造业和服务业、高技术产业和非高技术产业，考察试点政策对不同技术密集型行业的异质性影响。表 5-15 检验了专利质押试点对不同技术密集型行业的异质性影响：相较于服务业和非高技术产业，专利质押试点对技术含量及产品附加值较高的制造业和高技术产业的创业效应更显著，且基于 bdiff 检验不同技术密集度行业的 ddd 系数，发现组间差异显著。综上所述，假说 H6 由此得到验证。

表 5-15　行业技术密集度的影响

| 变量 | entrepnum | | entrepper | | entrepnum | | entrepper | |
|---|---|---|---|---|---|---|---|---|
| | （1） | （2） | （3） | （4） | （5） | （6） | （7） | （8） |
| | 制造业 | 服务业 | 制造业 | 服务业 | 高技术产业 | 非高技术产业 | 高技术产业 | 非高技术产业 |
| *ddd* | -0.903 *** | -0.063 *** | -13.273 *** | -1.451 *** | -0.849 *** | -0.391 *** | -9.909 *** | -5.231 *** |
| | （0.190） | （0.006） | （2.367） | （0.171） | （0.089） | （0.029） | （0.850） | （0.436） |
| *difference* | p 值 = 0.000 | | p 值 = 0.000 | | p 值 = 0.000 | | p 值 = 0.000 | |
| *did* | 0.497 *** | 0.063 *** | 5.018 *** | 1.474 *** | 0.708 *** | 0.357 *** | 7.902 *** | 3.978 *** |
| | （0.062） | （0.008） | （1.105） | （0.245） | （0.079） | （0.045） | （0.857） | （0.804） |

| 变量 | entrepnum | | entrepper | | entrepnum | | entrepper | |
|------|------|------|------|------|------|------|------|------|
| | （1） | （2） | （3） | （4） | （5） | （6） | （7） | （8） |
| | 制造业 | 服务业 | 制造业 | 服务业 | 高技术产业 | 非高技术产业 | 高技术产业 | 非高技术产业 |
| 控制变量 | 是 | 是 | 是 | 是 | 是 | 是 | 是 | 是 |
| 城市固定效应 | 是 | 是 | 是 | 是 | 是 | 是 | 是 | 是 |
| 行业固定效应 | 是 | 是 | 是 | 是 | 是 | 是 | 是 | 是 |
| 年度固定效应 | 是 | 是 | 是 | 是 | 是 | 是 | 是 | 是 |
| $R^2$ | 0.203 | 0.296 | 0.285 | 0.289 | 0.161 | 0.192 | 0.178 | 0.280 |
| 样本量 | 129695 | 112887 | 129695 | 112887 | 48500 | 194082 | 48500 | 194082 |

## 二、技术制度环境约束

首先，技术交易市场有助于缓解专利质押的事前价值评估和事后处置清算难题。城市专利转让和许可数量越多，地区专利交易市场摩擦程度越小，技术市场发展越完善，专利资产的可交易性越强（叶祥松和刘敬，2018）。同时，樊纲等（2011）在测算要素市场化指数时，也采用技术市场成交额与本地科技人员数的比例表示技术成果市场化程度。为此，本章分别使用各年所有城市发生专利转让及许可数量和所有省份要素市场发育程度的中位数，划分技术交易市场发展程度不同的组别，进行分样本回归考察技术交易市场发挥的协同作用。表5-16考察了技术交易市场对专利质押创业效应形成的调节作用：在专利交易数和要素市场化进程高于年度中位数的地区，试点政策能显著促进创业活跃度提升，且对初期专利质押率更低行业的效应更强。同时，基于bdiff检验技术交易市场发展程度不同地区样本的ddd系数，显示组间差异显著。说明在技术交易市场发展更完善的地区，专利质押融资试点对创业活跃度的促进作用更有效，故应推动技术交易市场发展，发挥政府与市场"互惠之手"的重要价值。

表 5-16 技术交易市场的约束

| 变量 | 地区专利交易数 | | | | 地区市场化进程 | | | |
| --- | --- | --- | --- | --- | --- | --- | --- | --- |
| | *entrepnum* | | *entrepper* | | *entrepnum* | | *entrepper* | |
| | (1) | (2) | (3) | (4) | (5) | (6) | (7) | (8) |
| | 低 | 高 | 低 | 高 | 低 | 高 | 低 | 高 |
| *ddd* | 0.020 *** | −0.445 *** | 0.268 | −5.523 *** | −0.136 *** | −0.628 *** | −1.741 *** | −8.208 *** |
| | (0.004) | (0.034) | (0.353) | (0.495) | (0.022) | (0.042) | (0.311) | (0.608) |
| *difference* | p 值 = 0.000 | | p 值 = 0.000 | | p 值 = 0.000 | | p 值 = 0.000 | |
| *did* | −0.023 ** | 0.354 *** | 0.630 | 3.996 *** | 0.149 *** | 0.466 *** | 1.126 ** | 5.645 *** |
| | (0.012) | (0.050) | (0.613) | (0.945) | (0.038) | (0.054) | (0.550) | (0.965) |
| 控制变量 | 是 | 是 | 是 | 是 | 是 | 是 | 是 | 是 |
| 城市固定效应 | 是 | 是 | 是 | 是 | 是 | 是 | 是 | 是 |
| 行业固定效应 | 是 | 是 | 是 | 是 | 是 | 是 | 是 | 是 |
| 年度固定效应 | 是 | 是 | 是 | 是 | 是 | 是 | 是 | 是 |
| $R^2$ | 0.492 | 0.208 | 0.439 | 0.253 | 0.314 | 0.177 | 0.397 | 0.236 |
| 样本量 | 78425 | 129424 | 78425 | 129424 | 113315 | 129267 | 113315 | 129267 |

其次，知识产权保护力度与专利质押担保的有效性密切相关。本章参考周泽将等（2022）的做法，采用国家知识产权局发布的 2012～2020 年《全国知识产权发展状况报告》中披露的知识产权保护指数衡量地区知识产权保护强度，使用王小鲁等（2017）《中国分省企业经营环境指数 2017 年报告》中发布的企业经营法治环境指数衡量地区法治环境。同样利用不同年份省份的知识产权保护指数和经营法治环境指数的中位数，划分不同知识产权保护力度的组别，进行分组回归考察知识产权保护发挥的协同作用。表 5-17 考察了知识产权保护与专利质押发挥的协同作用：在知识产权保护指数和法治经营环境指数高于年度中位数的地区，专利质押对创业活跃度的积极效应更显著，且对初期专利质押率更低行业的促进作用更明显，基于 *bdiff* 检验不同知识产权保护和经营法治环境样本 *ddd* 系数，组间差异显著。

表 5-17　知识产权保护的约束

| 变量 | 地区知识产权保护指数 | | | | 地区经营法治环境指数 | | | |
|---|---|---|---|---|---|---|---|---|
| | *entrepnum* | | *entrepper* | | *entrepnum* | | *entrepper* | |
| | (1) | (2) | (3) | (4) | (5) | (6) | (7) | (8) |
| | 低 | 高 | 低 | 高 | 低 | 高 | 低 | 高 |
| *ddd* | −0.098*** | −0.593*** | −0.870** | −7.398*** | −0.216*** | −0.668*** | −2.508*** | −8.943*** |
| | (0.027) | (0.044) | (0.394) | (0.636) | (0.044) | (0.068) | (0.523) | (0.876) |
| *difference* | p 值=0.000 | | p 值=0.000 | | p 值=0.000 | | p 值=0.000 | |
| *did* | 0.261** | 0.330*** | 1.177 | 4.439*** | 0.245*** | 0.488*** | 1.254 | 5.242*** |
| | (0.111) | (0.074) | (1.126) | (1.567) | (0.071) | (0.088) | (0.797) | (1.271) |
| 控制变量 | 是 | 是 | 是 | 是 | 是 | 是 | 是 | 是 |
| 城市固定效应 | 是 | 是 | 是 | 是 | 是 | 是 | 是 | 是 |
| 行业固定效应 | 是 | 是 | 是 | 是 | 是 | 是 | 是 | 是 |
| 年度固定效应 | 是 | 是 | 是 | 是 | 是 | 是 | 是 | 是 |
| $R^2$ | 0.414 | 0.224 | 0.513 | 0.285 | 0.251 | 0.178 | 0.326 | 0.264 |
| 样本量 | 51730 | 73509 | 51730 | 73509 | 51555 | 51048 | 51555 | 51048 |

最后，专利质押与专业化中介代理服务和规范化风险补偿基金密切相关。一方面，专利代理机构是一种接受委托人的委托，办理专利事务的服务机构，地区专利代理机构在一定程度上反映了城市技术中介服务发展水平。本章利用不同年份所有城市专利代理机构存量的中位数，划分不同专利中介服务水平组别，进行分组回归。另一方面，由于专利质押的高风险特征，国家知识产权局会同财政部组织四川、山东、广东、辽宁等基础较好的先行试点，以政府出资的形式设立知识产权质押融资风险补偿基金。本章据此将样本分为知识产权质押融资风险补偿基金发展程度不同的组别，进行分组回归。表 5-18 分别考察了中介代理服务和风险补偿基金对专利质押政策效应形成的调节作用：在中介代理服务和风险补偿基金发展较完善的地区，专利质押试点对创业活动的促进作用更强，且对初期专利质押率更低行业的促进作用更明显，基于 *bdiff* 检验显示不同中介代理服务和风险补偿基金的地区样本 *ddd* 系数，显示组间差异显著。说明鼓励专利

代理机构提供专业化的技术交易协助工作，推动政府设立风险补偿基金分散信用风险，能促进专利质押发挥创业效应。综上所述，假说 H5 由此得到验证。

表 5-18 中介代理服务和风险补偿基金的约束

| 变量 | 地区专利代理机构 | | | | 地区风险补偿基金 | | | |
|---|---|---|---|---|---|---|---|---|
| | entrepnum | | entrepper | | entrepnum | | entrepper | |
| | （1） | （2） | （3） | （4） | （5） | （6） | （7） | （8） |
| | 低 | 高 | 低 | 高 | 非试点 | 试点 | 非试点 | 试点 |
| ddd | −0.009 (0.008) | −0.503 *** (0.033) | −0.755 * (0.396) | −6.318 *** (0.476) | −0.354 *** (0.030) | −0.712 *** (0.065) | −3.480 *** (0.272) | −12.437 *** (1.299) |
| difference | p 值 = 0.000 | | p 值 = 0.000 | | p 值 = 0.000 | | p 值 = 0.000 | |
| did | 0.002 (0.019) | 0.378 *** (0.045) | 0.820 (0.642) | 4.210 *** (0.790) | 0.297 *** (0.040) | 0.614 *** (0.083) | 1.800 *** (0.381) | 10.582 *** (1.883) |
| 控制变量 | 是 | 是 | 是 | 是 | 是 | 是 | 是 | 是 |
| 城市固定效应 | 是 | 是 | 是 | 是 | 是 | 是 | 是 | 是 |
| 行业固定效应 | 是 | 是 | 是 | 是 | 是 | 是 | 是 | 是 |
| 年度固定效应 | 是 | 是 | 是 | 是 | 是 | 是 | 是 | 是 |
| $R^2$ | 0.412 | 0.214 | 0.381 | 0.266 | 0.186 | 0.191 | 0.333 | 0.204 |
| 样本量 | 127685 | 114897 | 127685 | 114897 | 183097 | 59485 | 183097 | 59485 |

# 第五节
# 创业创新联动效应

创业是将新产品、新市场、新方法等进行商业化应用并转化为生产力的过程，其核心为创新（Schumpeter，1934）。因此，本章构建如下计量模型，检验专利质押融资试点激发的创业效应能否进一步激励创新，考察试点政策的创新创业联动效应：

$$innovate_{c,i,t+1} = \alpha_0 + \alpha_1 \, ddd_{cit} + \alpha_2 \, did_{ct} + \beta \, control_{ct} + \mu_c + \gamma_i + \lambda_t + \varepsilon_{cit} \quad (5-4)$$

其中，$innovate_{c,i,t+1}$ 表示城市 $c$ 行业 $i$ 时间 $t+1$ 的技术创新绩效指标，其他变量含义同式（5-1）和式（5-2）。已有研究通常采用创新投入和创新产出来衡量技术创新绩效，由于创新投入数据难以获得，专利成果作为创新产出的直接体现，能真实反映技术创新活动。具体来说，专利数量的统计数据包括专利申请数和专利授权数，鉴于创新活动的不确定性，专利授权数 $Patent$ 更能真实反映技术创新水平（Aghion et al.，2013）。不仅如此，由于国内专利包括发明专利、实用新型专利和外观设计专利，而发明专利的技术含量最高，故本章以发明专利授权数 $invent$ 衡量技术创新质量。考虑到发明专利数可能无法反映其真正的社会经济价值，本章还对被引证过的专利数量 $cite$ 进行统计，以衡量创新质量。此外，专利授权存在时滞性，即专利申请日比授权日更接近实际创新日期，本章按申请年份统计上述样本的专利授权数 $patent$、发明专利授权数 $invent$、被引证专利数 $cite$，并根据申请人地址和专利所属行业加总后取对数，据此衡量城市—行业—年度层面的创新绩效。

为准确评估专利质押试点的创新创业联动效应，表 5-19 分别统计非上市公司的专利数据［第（1）列~第（3）列］和新创企业的专利数据［第（4）列~第（6）列］作为被解释变量，反映试点政策促进新创企业的后续创新产出增加。表 5-13 结果表明：$ddd$ 系数均在 1% 的显著性水平上为负，即专利质押试点能够显著提升创新数量和质量，且这一促进效应在初始质押率低的行业中更明显，证明了该项试点政策的创新创业联动效应。

**表 5-19　创新创业的联动效应**

| 变量 | 非上市企业专利创新 | | | 新创企业专利创新 | | |
|---|---|---|---|---|---|---|
| | （1） | （2） | （3） | （4） | （5） | （6） |
| | patent | invent | cite | patent | invent | cite |
| ddd | −0.212*** | −0.184*** | −0.240*** | −0.350*** | −0.091*** | −0.175*** |
| | (0.015) | (0.015) | (0.015) | (0.016) | (0.013) | (0.012) |
| did | 0.135*** | 0.343*** | 0.244*** | 0.562*** | 0.237*** | 0.220*** |
| | (0.017) | (0.019) | (0.016) | (0.020) | (0.018) | (0.015) |
| 控制变量 | 是 | 是 | 是 | 是 | 是 | 是 |

| 变量 | 非上市企业专利创新 | | | 新创企业专利创新 | | |
|---|---|---|---|---|---|---|
| | （1） | （2） | （3） | （4） | （5） | （6） |
| | patent | invent | cite | patent | invent | cite |
| 城市固定效应 | 是 | 是 | 是 | 是 | 是 | 是 |
| 行业固定效应 | 是 | 是 | 是 | 是 | 是 | 是 |
| 年度固定效应 | 是 | 是 | 是 | 是 | 是 | 是 |
| $R^2$ | 0.856 | 0.798 | 0.848 | 0.681 | 0.582 | 0.604 |
| 样本量 | 126686 | 123972 | 122177 | 104578 | 80675 | 84486 |

# 第六节
## 本章小结

　　本章以专利质押融资试点为自然实验，构建城市—行业—年度层面创业活跃度的面板数据集，采用交叠双重差分法和广义双重差分法，研究专利质押对创业活跃度的影响。研究发现：专利质押试点能显著提高创业活跃度，且对初期专利质押率较低行业的作用更强，在采用工具变量法剔除部分特殊样本，筛选先质押后创业样本、在位企业技术人员创业样本解决内生性问题，并进行平行趋势检验、安慰剂检验和考虑处理效应异质性等稳健性检验后，结论仍然成立。机制检验发现，专利质押试点主要通过缓解资金短缺困境和分担创业风险双重机制，推动创业活跃度提升。异质性检验显示，专利质押试点的创业效应对于民营企业、高技术产业和制造业具有明显的靶向特征；在技术交易市场、知识产权保护、中介代理服务和风险补偿基金发展更完善的地区，试点政策对创业活跃度的正向影响更显著。综上所述，专利质押试点形成的创业效应能进一步驱动创新数量和质量提升。

　　本章的研究结论具有重要的政策内涵：第一，因地、因业制宜，优化专利质押政策。聚焦重点区域和产业需求，深化科技成果使用权、处置权、收益权改革，鼓励地方政府积极探索规范、便捷和高效的专利质押政策，以区域要素禀赋结构为基础，结合当地具有比较优势的产业，推动专利质押对接、支持当地重点发展的专利密集型产业，引导专利质押项目上下游优势互补、多业态协同发展，促进专利质押与区域、产业融合发展。

第二，促进数据、资本与技术要素深度融合，推动知识产权金融创新发展。商业银行应当加强事前和事后监管措施，根据审查程序监督企业内部治理和风险管理：一方面，事前应当积极利用专利大数据平台和智能化专利评估工具提高估值效率，关注专利市场价值，发挥市场在创新成果转化时分散风险的作用；另一方面，应当建立专利质押信息平台，完善专利状态预警信息机制，有效利用和结合单列信贷计划、不良率考核等政策，完善事后知识产权质押物处置机制，全流程管理、分担创业风险，推动技术创新成果到创业项目的有效转化。在强化全流程风险管理的前提下，鼓励商业银行、风险投资、资产评估等金融机构进行产品创新，探索"投联贷""贷联投"等新模式，扩大专利质押业务覆盖范围和贷款规模，为科技型新创企业提供完善的创新融资环境，发挥金融驱动创新转化的作用。

第三，精准专利质押政策靶向。结合专利质押试点的政策靶向特征，地方政府可制定专利质押政策的重点培育产业目录，据此调整该政策的重点支持对象，使其靶向性地支持资金需求大、发展潜力大和专利密集型的民营企业、高技术产业和制造业的创业活动，提供专利质押政府补贴、投资优惠、人员激励等政策安排，促进产学研合作培育原创性技术优势，以知识产权推动产业集聚和创新发展，构筑产业专利联盟以试行订单式研发和投放式创新，培育一批知识产权具备国际竞争优势的企业，促进专利密集型产业集群发展。

第四，多点健全技术制度环境。一是发展技术交易市场，依托全国一体化大数据中心体系，建立国家统一的专利交易市场和公共服务平台，提升重点产业领域、主要产业集聚区的知识产权运营和服务智能化水平，提高专利交易信息的覆盖范围和服务普惠性，实现专利交易和专利质押的便捷高效；二是强化知识产权保护，贯彻落实透明的法律制度和公平的法治体系，提高专利侵权的违约成本和司法部门的执法效率，构建行政执法和司法保护的有效衔接机制，建立跨行政管辖区域的知识产权案件审理机制，保障出质人和质权人的合法权益；三是完善中介代理服务，引导中介代理服务向专业化和高水平发展，加快制定和实施知识产权服务业的各类标准，合理引进国际高水平知识产权服务机构依规在华设立常驻代表机构，多管齐下推动知识产权服务业高质量发展；四是推广风险补偿基金，面向省、市、县及园区开展知识产权风险补偿基金试点工作，优化央地合作、区域互助的跨区域协作模式，探索风险补偿基金和银行、保险、担保等跨部门分担体系，形成以中央财政和地方政府专项资金为引导、社会资本多渠道参与的"政银保"风险补偿管控。

# 第六章

# 专利质押对中国创新转化的影响检验：
# 成本收益的权衡

# 第一节
## 研究策略设计

### 一、数据来源

为考察专利质押试点政策对科技创业和基础研究的影响，本章采用的数据集包括高新技术企业注册数据、基础研究数据、专利信息数据和城市特征数据等，其中，高新技术企业注册数据来源于天眼查工商注册数据检索平台，高校的基础研究数据来源于中国知网—高校科研成果统计分析与评价数据库，专利信息来源于 incoPat 数据库，城市特征数据来源于中国统计局，剔除了行政调整或重大数据缺失的城市。本章汇总了城市—行业层面的高新技术企业注册数据和城市—学科层面的高校基础研究数据，以及行业层面的企业平均专利质押率和学科层面的非企业专利质押率。在此基础上，本章通过行业类型和城市名称将城市—行业层面的科技创业数据、行业层面的专利质押率数据和城市特征数据进行匹配，同样通过学科类型和城市名称将城市—学科层面的大学基础研究数据、学科层面的专利质押率数据和城市特征数据进行匹配。

为确保政策前后的时间跨度足够长，能够充分观测政策效果，本章的样本涵盖了 2005~2019 年的科技创业和基础研究数据。最终的创业样本包括对 294 个城市和 54 个行业在 15 年间的 63993 个样本，基础研究样本包括 294 个城市和 73 个学科在 15 年间的 92232 个样本。

### 二、变量选取与测度

#### （一）科技创业

第一组被解释变量采用当地新创高新技术企业数量衡量科技创业活动。本章从工商总局手动下载并汇编了大约 1 亿份企业注册记录，其中包含中国新公司的所有注册细节。针对这些企业注册记录，删除缺少企业名称、企业位置、所属行业、成立年份等关键信息的注册数据。为了衡量科技创业活动的规模，本章筛选了 34 万多家高新技术企业，利用高新技术企业的地址、成立年份和行业信息，对 294 个城市的 54 个行业的新创高新技术企业数据加总至城市—行业—年份层面，即城市 $c$、行业 $i$、时间 $t$ 的新创高新技术企业数量 $hitech$。

然而，这些创业企业既包括先创业后质押的企业，也包括间接受到专利质押影响的企业，这些企业的创业活动不一定直接受到专利质押融资所驱动。因此，直接采用地区科技创业总数衡量科技创业活动，可能会放大专利质押试点政策效应。为检验专利质押对科技创业的实际影响，本章重新构建被解释变量，定义和识别先质押后创业的科技创业企业，即由专利质押驱动的新创高新技术企业数量。

本章结合 incoPat 的专利质押数据和工商总局的高新技术企业注册数据。首先，对于申请人为企业的专利，本章使用工商注册号与高新技术企业进行匹配；其次，考虑到在职研究人员离职从事创业活动的可能性，对于申请人为企业的专利，本章使用专利发明人的名称、城市和行业来匹配高新技术企业的法人；再次，对于无法与注册号匹配的非企业申请人（个人、大学、研究机构等），本章也使用专利发明人的名称、城市和行业与高新技术企业的法人进行匹配。对于上述三种类型的创业活动，本章筛选出先质押后创业的结果。最后，将上述三类数据进行合并，剔除注册号重复的观测值，并将专利质押促进的科技创业企业数量加总至城市—行业—年度层面，构建第二个被解释变量，即城市 $c$、行业 $i$、时间 $t$ 的由专利质押驱动的新创高新技术企业数量 $hitech\ startup$。

（二）基础研究

本章第二组被解释变量是高校层面的基础研究数据。为从基础研究的角度评估专利质押政策的实施成本，本章重点关注关于中国高校的基础研究绩效。基础研究与应用研究对创新的影响存在差异（Akcigit et al.，2021）。基础研究是指为了获得关于现象和事实的基本原理的新知识，而进行的实验性或理论性研究，它不以任何特定的应用或使用为目的，但其正外部性和溢出性满足企业应用和开发的特定需求；应用研究则是指为获得新知识而进行的创造性研究，一般针对特定的目的。基础研究通常通过科学出版物进行公开披露，而应用研究可以通过专利、版权和商业机密来保护（Arora et al.，2021）。因此，相较于应用，基础研究更容易产生知识溢出（Nelson，1959；Dasgupta and David，1994），其外部性会减少私人回报（Arrow，1972；Jaffe et al.，1993；Bloom et al.，2013；David et al.，2000）。不仅如此，基础研究的回报周期较长，很难在短时间内直接应用并产生收益（Mansfield，1980；Link，1981）。因此，基础研究主要由大学进行，并由政府资助，而企业多以盈利为目的，倾向于进行具有商业价值的应用创新（Rosenberg，1990；Narin et al.，1997；Toole，2012）。

因此，基础研究主要依赖于政府、大学和研究机构（Lee，2000；Arora et al.，2021；Akcigit et al.，2021）。根据经济合作与发展组织（OECD）数据显示，在样本期内，中国大学的基础研究占比超过50%。由于数据的限制，本章的实证分析仅使用中国高校的基础研究数据。由于人文学科受专利和创新的影响较小（Agrawal and Goldfarb，2008），本章剔除了人文学科，筛选出包括14个科学类、39个工程类、9个农业类和11个医学类学科，共计73个学科。本章采用中国高校在 Web of Science 上发表的期刊论文数量和国家自然科学基金资助项目，衡量高校的基础研究绩效。参考 Jaffe（1989）的做法，本章根据大学所在地址，将大学的期刊论文和自科项目数量加总到城市—学科—年度层面，获得高校期刊论文数量 *article* 和自科基金数量 *fund*，以测度中国高校的基础研究状况。

为了更深入地了解当专利质押驱动科技创业是否会引发科研人员离职，从而对基础研究形成挤出作用，本章识别了获得专利质押后离职创业的科研人员所在的大学，即因专利质押导致人才流失的大学。具体而言，本章节从上述构建 *hitech startup* 数据过程中的第二类和第三类匹配中，筛选了申请人为大学的样本数据。本章分别在大学 *u*、学科 *s*、时间 *t* 统计了因专利质押导致人才流失的大学的期刊论文数量和自科基金数量。最后，本章将专利质押导致人才流失的大学的基础研究加总至城市—学科—年度层面，从而构建两个被解释变量，即受影响高校的期刊论文 *incumarticle* 和自科基金数量 *incumfund*，以考察专利质押试点政策对基础研究的实际影响。

### （三）专利质押

核心解释变量是专利质押。本章将专利质押融资试点政策视为准自然实验，并构造了核心解释变量 *PCP*。由于专利质押融资试点的实施时间发生在下半年甚至年底，且政策的落实和生效需要一定的时间，故如果一个城市 $c$ 在时间 $t-1$ 建立了专利质押试点 $PCP$，则变量 $PCP_{ct}$ 设为 1，否则设为 0。此外，对于拥有多个专利质押融资试点的城市，本章考虑该城市第一次实施试点的年份。

在此基础上，由于被解释变量为城市—行业—年度或城市—学科—年度水平指标，专利质押融资试点政策的实施可能在具有不同专利强度和融资依赖的行业或学科之间产生异质影响（Acharya and Subramanian，2009；Moshirian et al.，2021）。因此，本章引入一个合适的分组虚拟变量组来衡量实施专利质押融资对不同行业或主体的不同影响，并与解释变量 $PCP$ 进行交互。为了克服内生性造成的估计偏差，本章使用 2005~2007 年（2008年第一批试点之前）每个行业的企业专利质押率和每个学科的非企业专利质押率的平均值来检验政策在不同行业或学科之间的异质性效应（Brandt et al.，2017）。

为了说明采用行业专利质押率构建分组变量的合理性，本章以国民经济行业分类为基础，测算各行业的专利质押率。图 6-1 绘制了 54 个行业的初始专利质押率，表明不同行业之间存在异质性。为此，本章参考 Vig（2013）的做法，采用各行业专利质押率的中位数，将所有行业分为两组：如果某行业的专利质押率低于所有行业的中位数，则将分组虚拟变量 group 取值为 1，否则为 0。

本章节选择政策冲击前的专利质押率作为分组标准的主要原因有三点：第一，使用政策冲击前的专利质押率能保证外生性，而选择 2005~2007 年的平均值减少了测量误差。第二，由于专利质押率是质押专利数量与授权专利数量的比值，故能同时反映质押专利和授权专利的数量关系，即专利质押率随专利授权数量的增加而降低，随专利质押数量的增加而增加。基于此，专利质押率越低的行业，其专利质押发展潜力越大。第三，对于不同批次的试点，由于实施专利质押融资试点政策而导致的专利质押变化在各行业中存在较大的差异，初始专利质押率较低的行业在实施政策后，专利质押率的增长幅度较大（见图 6-2）。

**（四）控制变量**

参考已有研究的通用做法，本章控制了城市层面的特征变量，包括地区生产总值对数 gdp、金融机构贷款余额对数 fina、第二产业增加值占比

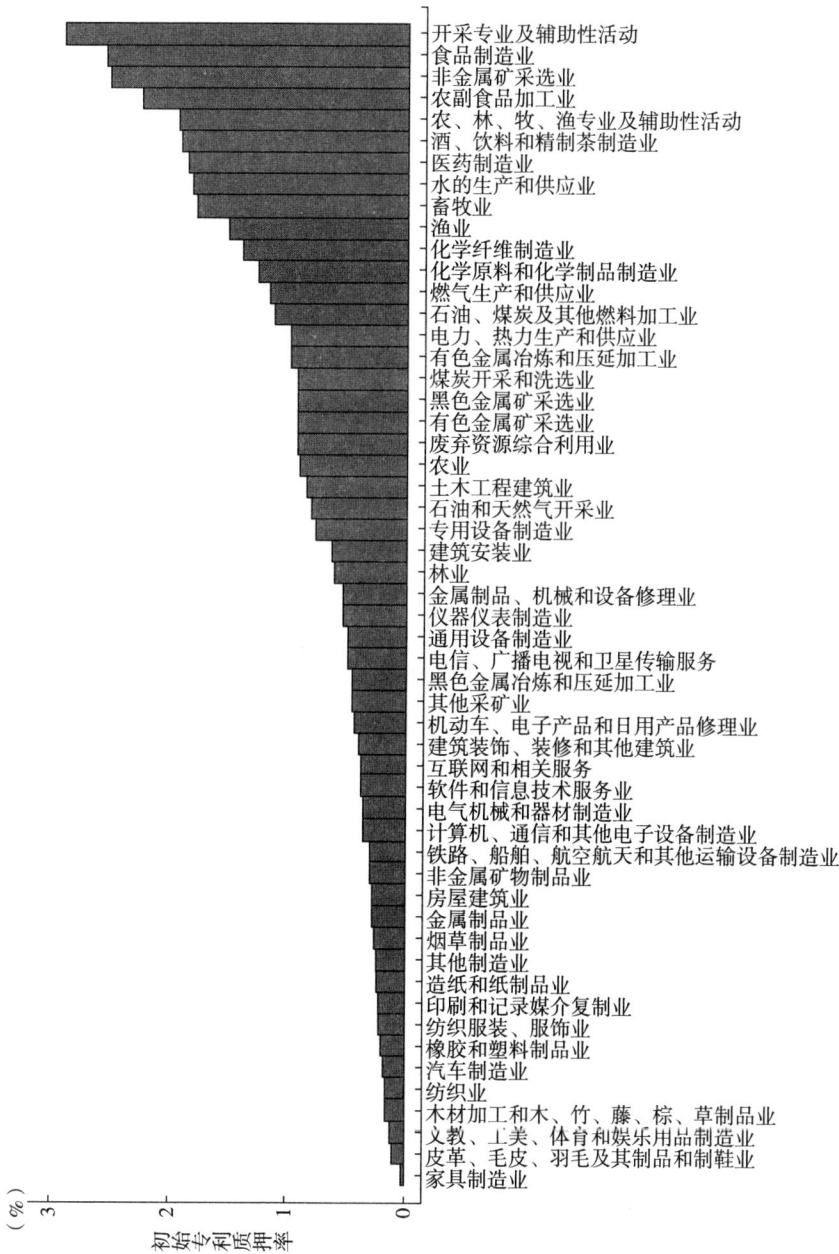

| | 行业名称 |
|---|---|
| | 开采专业及辅助性活动 |
| | 食品制造业 |
| | 非金属矿采选业 |
| | 农副食品加工业 |
| | 农、林、牧、渔专业及辅助性活动 |
| | 酒、饮料和精制茶制造业 |
| | 医药制造业 |
| | 水的生产和供应业 |
| | 畜牧业 |
| | 渔业 |
| | 化学纤维制造业 |
| | 化学原料和化学制品制造业 |
| | 燃气生产和供应业 |
| | 石油、煤炭及其他燃料加工业 |
| | 电力、热力生产和供应业 |
| | 有色金属冶炼和压延加工业 |
| | 煤炭开采和洗选业 |
| | 黑色金属矿采选业 |
| | 有色金属矿采选业 |
| | 废弃资源综合利用业 |
| | 农业 |
| | 土木工程建筑业 |
| | 石油和天然气开采业 |
| | 专用设备制造业 |
| | 建筑安装业 |
| | 林业 |
| | 金属制品、机械和设备修理业 |
| | 仪器仪表制造业 |
| | 通用设备制造业 |
| | 电信、广播电视和卫星传输服务 |
| | 黑色金属冶炼和压延加工业 |
| | 其他采矿业 |
| | 机动车、电子产品和日用产品修理业 |
| | 建筑装饰、装修和其他建筑业 |
| | 互联网和相关服务 |
| | 软件和信息技术服务业 |
| | 电气机械和器材制造业 |
| | 计算机、通信和其他电子设备制造业 |
| | 铁路、船舶、航空航天和其他运输设备制造业 |
| | 非金属矿物制品业 |
| | 房屋建筑业 |
| | 金属制品业 |
| | 烟草制品业 |
| | 其他制造业 |
| | 造纸和纸制品业 |
| | 印刷和记录媒介复制业 |
| | 纺织服装、服饰业 |
| | 橡胶和塑料制品业 |
| | 汽车制造业 |
| | 纺织业 |
| | 木材加工和木、竹、藤、棕、草制品业 |
| | 文教、工美、体育和娱乐用品制造业 |
| | 皮革、毛皮、羽毛及其制品和制鞋业 |
| | 家具制造业 |

图6-1　试点政策前各行业的专利质押率

注：该图绘制了54个行业的企业专利质押率（2005~2007年各行业专利质押率的平均值）。

资料来源：笔者根据incoPat全球专利数据库相关数据整理所得。

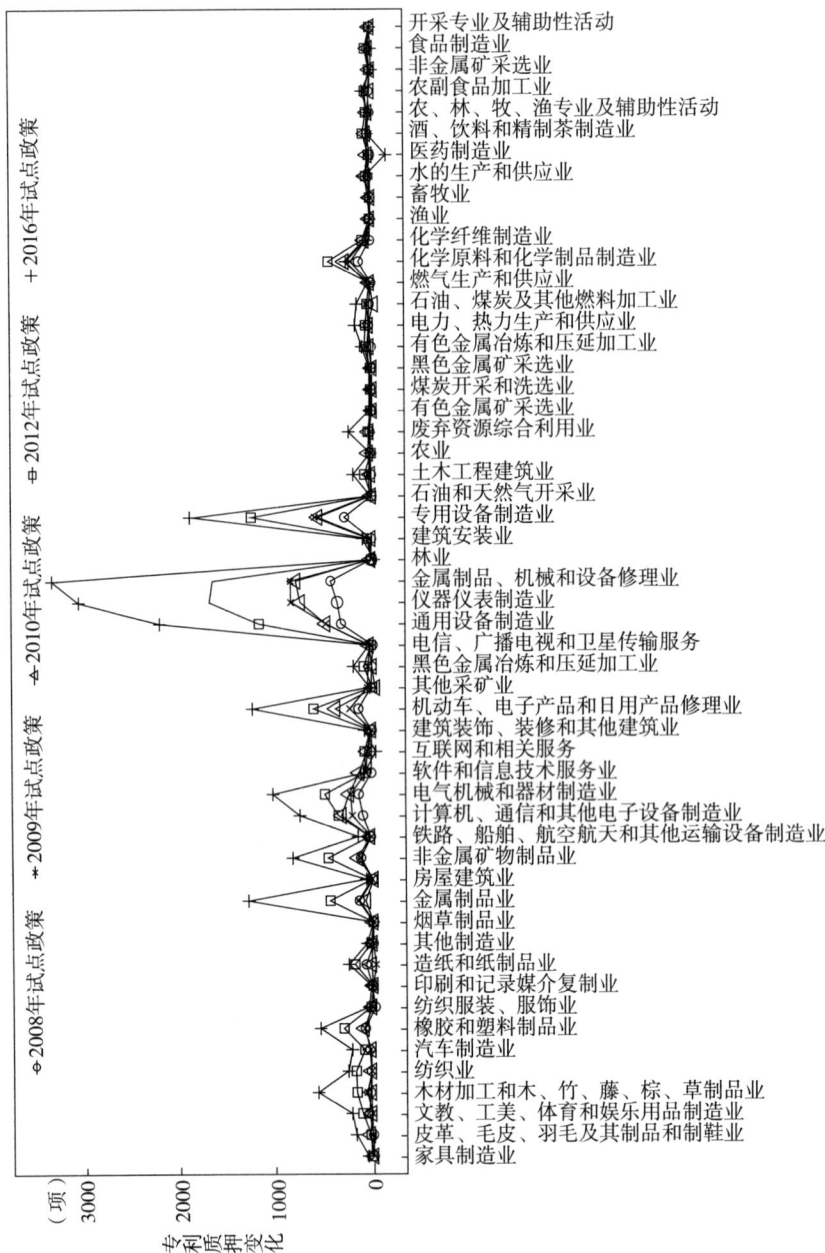

图6-2 试点政策后各行业专利质押率的变化

注：横轴是政策前的专利质押率升序排序。专利质押率的计算方法为质押专利数除以授权专利数。其中，质押专利数按专利申请年度计算，授权专利数为当年专利数。纵轴表示专利质押率的变化。

资料来源：笔者根据incoPat全球专利数据库相关数据整理所得。

*manu*、第三产业增加值占比 *serv*、地区常住人口对数 *pop*、一般公共预算财政支出对数 *fisc*、教育财政支出对数 *edu* 和科学技术财政支出对数 *tech*。

## 三、描述性统计

表 6-1 为主要变量的描述性统计结果。在科技创业方面，每个城市平均每年新注册的高新技术企业数量为 233.09 家，由专利质押所驱动的新创高新技术企业数量有 0.95 家。在基础研究方面，每个城市平均每年发表 2973.29 篇期刊论文，获得 192.89 项自科基金项目。

**表 6-1　主要变量的描述性统计**

| 变量 | 样本量 | 均值 | 标准差 | 最小值 | 最大值 | 数据来源 |
|---|---|---|---|---|---|---|
| *hitech* | 63993 | 4.3165 | 28.6090 | 0.0000 | 2491.0000 | SAIC（城市—产业层面） |
| *hitech startup* | 64158 | 0.0175 | 0.2254 | 0.0000 | 15.0000 | SAIC（城市—产业层面） |
| *article* | 92232 | 0.4073 | 2.8097 | 0.0000 | 170.3200 | CNKI（城市—学科层面） |
| *fund* | 92232 | 2.6420 | 15.7843 | 0.0000 | 857.0000 | CNKI（城市—学科层面） |
| *incumarticle* | 92232 | 0.7454 | 26.5848 | 0.0000 | 2738.0000 | CNKI（城市—学科层面） |
| *incumfund* | 92232 | 0.0347 | 1.0909 | 0.0000 | 80.0000 | CNKI（城市—学科层面） |
| *gdp* | 4044 | 6.9463 | 1.0357 | 3.8039 | 10.5494 | CUSY（城市层面） |
| *fina* | 4316 | 15.9279 | 1.3150 | 6.3699 | 20.4198 | CUSY（城市层面） |
| *manu* | 4043 | 47.7714 | 11.2277 | 9.0000 | 90.9700 | CUSY（城市层面） |
| *serv* | 4043 | 38.6796 | 9.7110 | 8.5800 | 85.3400 | CUSY（城市层面） |
| *pop* | 4322 | 5.8494 | 0.7157 | −1.6094 | 8.1345 | CUSY（城市层面） |
| *fisc* | 4343 | 14.3510 | 1.0031 | 10.8062 | 18.2405 | CUSY（城市层面） |
| *edu* | 4343 | 9.6065 | 1.7341 | 3.5264 | 15.5293 | CUSY（城市层面） |
| *tech* | 4343 | 12.6140 | 1.0040 | 6.9017 | 16.2456 | CUSY（城市层面） |

表 6-2 报告了实施专利质押融资试点政策前后，试点地区和非试点地区科技创业的平均值和差异。本章基于 t 检验分析专利质押融资试点政策前后科技创业数据的差异，研究发现：第一，在实施专利质押融资试点政策前，试点地区和非试点地区的科技创业水平存在显著差异，暗示政策试点的选择偏好可能存在内生性问题，故本章后续采用工具变量方法和 PSM 匹配方法缓解内生性问题。第二，在实施专利质押融资试点政策后，试点地区和非试点地区的科技创业水平都有所增加，这与创新创业的经济环境

和政策变化是一致的。第三，试点与非试点地区之间的科技创业水平差异在实施试点政策后持续扩大，且这一差异在统计上是显著的，表明试点地区的科技创业增长大于非试点地区。这些结果为支持专利质押融资试点政策促进科技创业的有效性提供了初步证据。

表 6-2　单变量 t 检验结果

| | | 对照组（1） | | 实验组（2） | | *difference* | *t-Test* |
|---|---|---|---|---|---|---|---|
| | | 样本量 | 均值 | 样本量 | 均值 | （1）—（2） | （1）—（2） |
| 2008 年 试点政策 | 政策前 | 12697 | 2.9976 | 749 | 8.2724 | −5.2748 | −10.0213 *** |
| | 政策后 | 48090 | 4.1035 | 2547 | 14.0944 | −9.9909 | −15.4402 *** |
| 2009 年 试点政策 | 政策前 | 15211 | 2.8876 | 1996 | 7.0726 | −4.1851 | −12.2121 *** |
| | 政策后 | 42046 | 3.8773 | 4740 | 11.6369 | −7.7596 | −15.7291 *** |
| 2010 年 试点政策 | 政策前 | 17927 | 2.7304 | 3384 | 7.6087 | −4.8784 | −17.1250 *** |
| | 政策后 | 36837 | 3.4056 | 5845 | 13.0157 | −9.6102 | −20.5909 *** |
| 2012 年 试点政策 | 政策前 | 24742 | 2.8357 | 4904 | 7.8481 | −5.0123 | −19.2528 *** |
| | 政策后 | 29372 | 3.4981 | 4975 | 13.0310 | −9.5328 | −17.4435 *** |
| 2016 年 试点政策 | 政策前 | 32837 | 2.6592 | 16416 | 7.4830 | −4.8238 | −19.5385 *** |
| | 政策后 | 10052 | 2.8543 | 4688 | 7.9718 | −5.1176 | −8.0209 *** |

注：本表报告了实施专利质押融资试点政策前后控制组和处理组的科技创业活动的平均值和差异。

# 第二节
# 对科技创业的影响检验

## 一、激励效应检验

### （一）基准回归

本章以中国 2008~2016 年在 52 个城市实施专利质押融资试点政策为准自然实验，通过构建交叠型 DID 模型检验专利质押对科技创业的影响，其优势如下：首先，DID 模型可吸收处理组和对照组之间不可观测的差异，以解决遗漏变量的问题；其次，DID 模型能消除政策实施和科技创业相关的遗漏时间趋势；最后，该模型能消除可能对科技创业形成单一冲击的遗漏变量。为了估计实施专利质押融资试点政策对科技创业的总体影响，本章使用如下模型进行回归：

$$Y_{cit}=\alpha_0+\alpha_1\,pcp_{ct}+\beta\,control_{ct}+\mu_c+\gamma_i+\lambda_t+\varepsilon_{cit} \tag{6-1}$$

其中，$c$ 表示城市，$i$ 表示行业，$t$ 表示年份。$Y_{cit}$ 表示被解释变量科技创业，采用新创高新技术企业数量 hitech 和由专利质押所驱动的新创高新技术企业数量 hitech startup。考虑到政策实施时间，假设城市 $c$ 在第 $t-1$ 年建立了专利质押融资试点，则核心解释变量 $pcp_{ct}$ 等于 1。控制变量 $control_{ct}$ 表示影响科技创业的城市特征变量。$\mu_c$ 表示城市固定效应，$\gamma_i$ 表示行业固定效应，$\lambda_t$ 表示年份固定效应，$\varepsilon_{cit}$ 表示误差项。系数 $\alpha_1$ 通过估算实施专利质押融资试点后，处理组（试点城市）相对于对照组（非试点城市）的科技创业变化，表征专利质押对科技创业的影响强度。受篇幅限制，本章在回归分析的结果表中仅报告了核心解释变量 $pcp$ 的系数。

表 6-3 报告了基准回归的结果。Panel A 中的被解释变量为新创高新技术企业数量 hitech，运用式（6-1）检验专利质押融资试点政策实施对科技创业的影响。其中，第（1）列和第（3）列控制了城市、行业和年份固定效应，第（2）列和第（4）列加入了城市层面控制变量。此外，第（3）列和第（4）列应用 PSM（半径匹配）来消除由选择偏好引起的内生性问题。Panel A 中 $pcp$ 的系数为正，且至少在 5% 水平上显著，表明专利质押融资试点的实施显著促进了当地的科技创业水平提升。以第（2）列的估计结果为例，实施专利质押融资试点政策后，试点地区的新创高新技术企业数量比非试点地区平均增加了 2.3309 家。

在 Panel B 中，本章节使用由专利质押驱动的新创高新技术企业数量 hitech startup 作为被解释变量，结合式（6-1）重新进行回归分析，评估专利质押融资试点政策的真实效果。结果显示，$pcp$ 的系数在 1% 的水平上正向显著，验证专利质押对科技创业存在实际的正向影响。具体而言，以第（2）列的结果为例，专利质押融资试点政策的实施使专利质押驱动的新创高新技术企业数量增加了 152%（0.0266/0.0175）。

表6-3 专利质押对科技创业的影响

| Panel A | 新创高新技术企业数量（hitech） | | | |
|---|---|---|---|---|
| | （1） | （2） | （3） | （4） |
| pcp | 6.6428*** | 2.3309*** | 1.0718*** | 0.7070** |
| | （0.6965） | （0.6497） | （0.2887） | （0.2860） |
| 控制变量 | 否 | 是 | 否 | 是 |
| 城市固定效应 | 是 | 是 | 是 | 是 |
| 行业固定效应 | 是 | 是 | 是 | 是 |
| 年度固定效应 | 是 | 是 | 是 | 是 |
| 样本量 | 63993 | 58028 | 55828 | 55828 |
| $R^2$ | 0.0068 | 0.0778 | 0.1460 | 0.1474 |
| Panel B | 专利质押驱动的新创高新技术企业数量（hitech startup） | | | |
| | （1） | （2） | （3） | （4） |
| pcp | 0.0461*** | 0.0266*** | 0.0421*** | 0.0346*** |
| | （0.0042） | （0.0050） | （0.057） | （0.056） |
| 控制变量 | 否 | 是 | 否 | 是 |
| 城市固定效应 | 是 | 是 | 是 | 是 |
| 行业固定效应 | 是 | 是 | 是 | 是 |
| 年度固定效应 | 是 | 是 | 是 | 是 |
| 样本量 | 64158 | 58028 | 55833 | 55833 |
| $R^2$ | 0.0053 | 0.0541 | 0.0467 | 0.0515 |

## （二）识别检验

为缓解内生性问题，本章节进行了一系列的识别检验。首先，本章进行平行趋势检验，以保障上述回归结果并不是由试点城市和非试点城市之间不可观测差异所驱动。图6-3使用事件研究方法，检验实施专利质押融资试点政策的动态作用效果，即通过引入一组代表试点前和试点后的相对时间变量$year_k$代替分期虚拟变量$post$。结果显示，在专利质押融资试点政策实施前，处理效应接近零且不显著，通过平行趋势检验。

其次，本章通过随机选择试点城市和非试点城市进行安慰剂检验。图6-4为重复随机选择500次，并重新进行基准回归的结果。结果显示，系数主要集中在0附近且不显著，即由于随机选择的伪试点和随机指定的

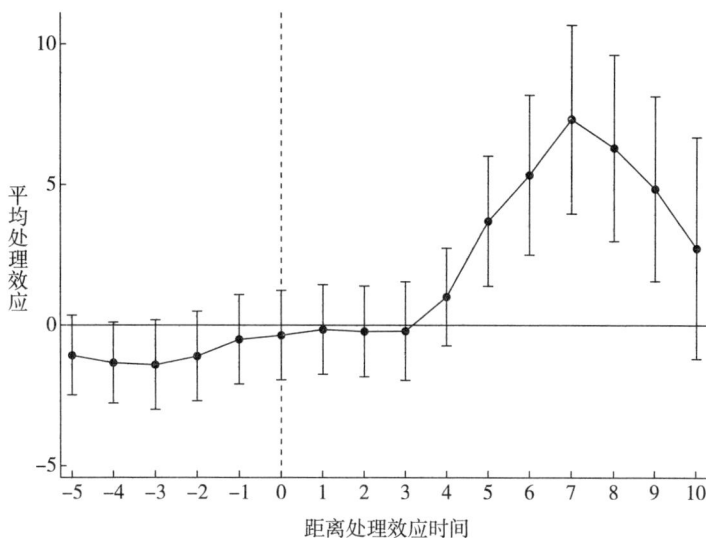

**图 6-3　平行趋势检验**

注：该图是回归方程 $hitech_{cit} = \alpha_0 + \sum_k \alpha_k treat_c \times year_k + \mu_c + \gamma_i + \lambda_t + \varepsilon_{cit}$ 的估计结果。横轴表示事件时间，负数表示政策前，零表示政策实施当年，正数表示政策后。纵轴表示基于城市、行业和年份固定效应的系数估计值 $\alpha_k$，置信区间在 10% 的水平上显著。

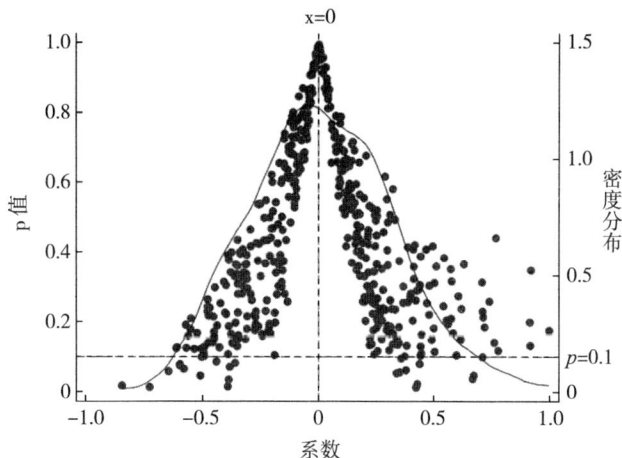

**图 6-4　安慰剂检验**

注：黑点表示 $p$ 值对应的估计系数的散点，曲线表示估计系数的核密度分布。垂直虚线表示 $x=0$，水平虚线表示 $p=0.1$。

伪处理时间并不真实，因而实施专利质押融资试点对科技创业的影响不显著，说明实施专利质押融资试点的确对科技创业存在正向显著的政策效应。

最后，为了缓解由处理后时长和接受处理时点异质性带来的估计偏误，本章进行了异质性处理效应检验，以减轻交叠型 DID 模型中由于传统双向固定效应估计的潜在偏差。本章通过寻找一个合理对照组或利用对照组，计算合理的反事实结果变量，缓解处理效应的异质性问题。本章采用计算组别—时期加权平均处理效应、利用插补方法构造合理的反事实对照组、按照相对事件时间堆叠数据回归估计处理效应六种异质性稳健估计方法，描绘了六种方法估计的事件研究结果，结果基本满足平行趋势假设，说明考虑异质性处理效应对本章的基准回归结果并无实质性影响（见图 6-5）。

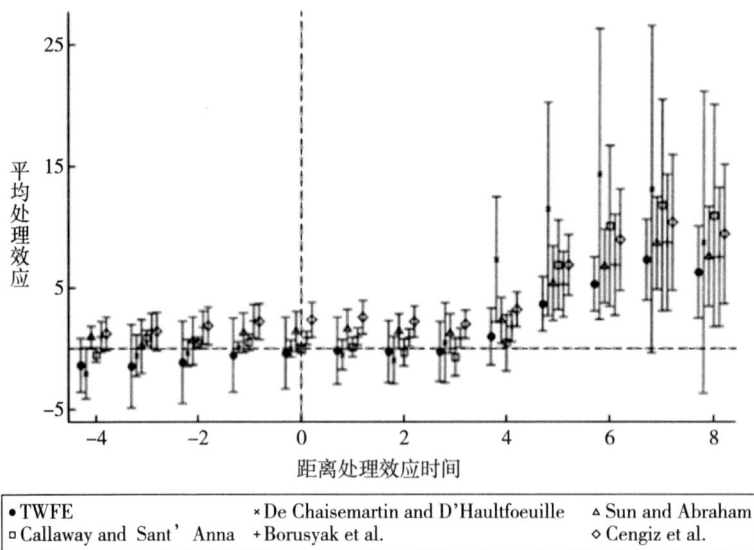

**图 6-5　异质性处理效应**

注：①横轴表示事件时间，负数表示政策前，零表示政策实施当年，正数表示政策后。纵轴表示平均处理效应。②英文图例代表的含义与图 5-4 相同。

## （三）工具变量法

由于国家知识产权局在选择试点地区时可能存在偏好，因此试点地区可能与非试点地区没有可比性，即基准回归结果可能是由试点和非试点地区之间的固有差异所驱动的。为了缓解上述内生性问题，本章沿用第五章的思路，选择各省知识产权局局长的教育或从业背景作为工具变量进行两阶段最小二乘回归。如果时任当地知识产权局局长具有经济学或管理学的教育或从业背景，则工具变量 $iv$ 等于1，否则等于0。一方面，2008年颁布的专利质押政策文件明确提出由地方政府申请和推荐试点，具有经济学或管理学教育或从业背景的局长更有可能理解专利质押的重要性，并且有更高的主动性申请试点，满足相关性要求。另一方面，地方知识产权局局长的经管背景难以直接影响城市创业，也无法通过经济发展和金融发展等其他渠道影响城市创业活动，本章在后续部分也将对此进行详细讨论。

表6-4报告了使用工具变量两阶段最小二乘法的回归结果。第（1）列表示以 $pcp$ 为被解释变量的第一阶段回归结果，结果表明，工具变量 $iv$ 与 $pcp$ 试点的建立呈显著的正相关关系，$Cragg-Donald\ Wald\ F$ 统计量和 $Kleibergen-Paap\ rk\ LM$ 统计量均通过检验。第（2）列显示以新创高新技术企业数量 $hitech$ 为被解释变量的第二阶段回归结果，$pcp$ 的系数在10%水平上显著为正，表明研究结论在处理内生性后依然稳健。为了排除局长背景直接影响科技创业的可能性，本章只保留了非试点地区样本重新进行回归，结果如第（3）列所示。结果表明，局长背景无法直接影响科技创业。为进一步验证局长背景仅通过 $pcp$ 实施影响科技创业，本章在基准回归中引入工具变量 $iv$ 重新回归。第（4）列则是将工具变量和政策实施变量加入回归模型，当控制政策实施变量 $pcp$ 之后，工具变量的回归系数不显著，$pcp$ 系数在5%的水平上仍显著，表明工具变量不会通过其他途径对科技创业产生影响。

表6-4　工具变量法

| | 第一阶段 | 第二阶段 | 工具变量外生性检验 | |
|---|---|---|---|---|
| | （1） | （2） | （3） | （4） |
| | $pcp$ | $hitech$ | $hitech$ | $hitech$ |
| $iv$ | 0.0816*** | | 0.2161 | 1.0249 |
| | （0.0041） | | （0.1940） | （0.6485） |
| $pcp$ | | 14.1985* | | 1.6335** |
| | | （8.3695） | | （0.8250） |
| 控制变量 | 是 | 是 | 是 | 是 |
| 城市固定效应 | 是 | 是 | 是 | 是 |
| 行业固定效应 | 是 | 是 | 是 | 是 |
| 年度固定效应 | 是 | 是 | 是 | 是 |

| | 第一阶段 | 第二阶段 | 工具变量外生性检验 | |
|---|---|---|---|---|
| | （1） | （2） | （3） | （4） |
| | *pcp* | *hitech* | *hitech* | *hitech* |
| *Kleibergen-paap rk LM* | 384.572 *** | | | |
| *Cragg-Donald Wald F* | 555.523 | | | |
| 样本量 | 40738 | 40738 | 26772 | 40738 |

## 二、跨行业激励效应检验

### （一）基准回归

根据 Moshirian 等（2021）的研究，本章进一步研究实施专利质押融资试点政策对不同行业科技创业的差异化影响。构建计量模型如下所示：

$$Y_{cit} = \alpha_0 + \alpha_2\, pcp_{ct} \times group_i + \alpha_3 pcp_{ct} + \beta\, control_{ct} + \mu_c + \gamma_i + \lambda_t + \varepsilon_{cit} \qquad (6-2)$$

其中，核心解释变量为 $pcp_{ct}$ 和 $group_i$ 的交互项，$\alpha_2$ 反映了专利质押融资试点政策实施前后，不同初始专利质押率的行业科技创业的变化。如果 $\alpha_2$ 正向显著，表明初始专利质押率越低的行业专利质押融资试点政策的效果越明显；其余变量与上文一致。此外，由于篇幅限制，回归结果表中仅报告了关键核心解释变量 $pcp_{ct} \times group_i$ 和 $pcp_{ct}$ 系数。

表6-5汇报了式（6-2）的估计结果，以检验专利质押融资试点政策实施对跨行业科技创业的影响。在第（1）列和第（2）列中，被解释变量是新创高新技术企业数量 *hitech*，结果显示 *pcp×group* 的系数均在1%水平上显著为正，表明在初始专利质押率较低的行业，实施专利质押融资试点政策对科技创业的影响更强。具体而言，第（2）列的结果表明，在初始专利质押率较低的行业，实施试点政策后，科技创业企业数量平均增加了3.2860家。

在第（3）列和第（4）列中，本章使用由专利质押驱动的新创高新技术企业数量 *hitech startup* 作为被解释变量重新回归，以重新评估实施专利质押融资试点政策的实际效果。结果显示，*pcp×group* 的系数均在1%水平上显著为正，仍然表明专利质押融资对科技创业的影响在初始专利质押率越低的行业中更强。第（4）列的结果表明，在初始专利质押率较低的行业中，由专利质押驱动的高新技术企业数量在试点政策实施后平均增加了125%

$\left[\left(0.0257-0.0114\right)/0.0114\right]$。

表6-5　专利质押对科技创业的跨行业影响

| | 新创高新技术企业数量<br>（hitech） | | 专利质押驱动的新创高新技术企业数量<br>（hitech startup） | |
|---|---|---|---|---|
| | （1） | （2） | （3） | （4） |
| pcp×group | 5.0672 *** | 3.2860 *** | 0.0572 *** | 0.0257 *** |
| | （0.4336） | （0.4435） | （0.0087） | （0.0082） |
| pcp | −0.1632 | −1.3682 *** | 0.0129 *** | 0.0114 ** |
| | （0.1237） | （0.2220） | （0.0037） | （0.0054） |
| 控制变量 | 否 | 是 | 否 | 是 |
| 城市固定效应 | 是 | 是 | 是 | 是 |
| 行业固定效应 | 是 | 是 | 是 | 是 |
| 年度固定效应 | 是 | 是 | 是 | 是 |
| 样本量 | 40742 | 37258 | 40742 | 37258 |
| $R^2$ | 0.0156 | 0.1779 | 0.0099 | 0.0543 |

注：***、**、*分别表示在1%、5%、10%的水平上显著；括号内为稳健性标准误差。

### （二）其他识别检验

为了进一步缓解反向因果引起的内生性问题，表6-6进行了相应的识别检验。第一，参考Moser和Voena（2012）的做法，第（1）列和第（2）列引入控制变量和时间趋势变量多项式之间的交互项控制预处理时间趋势，确保之前的平行趋势持续；第二，第（3）列使用熵平衡匹配（EBM）方法，以控制变量作为匹配变量，将匹配后的样本重新进行回归；第三，由选择偏好引起的试点城市和非试点城市之间的差异可能随着时间推移而变化，第（4）列控制了2005年控制变量与时间趋势之间的交互项，以减轻政策实施前后城市特征变化的影响。结果显示，pcp×group的系数在1%水平上仍显著为正，验证基准结果的稳健性。

表6-6　其他识别检验

| | 新创高新技术企业数量（hitech） | | | |
|---|---|---|---|---|
| | （1） | （2） | （3） | （4） |
| pcp×group | 3.3057 *** | 3.2969 *** | 1.6456 *** | 3.2827 *** |
| | （0.4456） | （0.4439） | （0.5079） | （0.4440） |

| | 新创高新技术企业数量（hitech） | | | |
|---|---|---|---|---|
| | （1） | （2） | （3） | （4） |
| pcp | −1.8955 *** | −2.0138 *** | −0.4620 | −1.2556 *** |
| | （0.3037） | （0.3121） | （0.3606） | （0.2110） |
| 控制变量 | 是 | 是 | 是 | 是 |
| 城市固定效应 | 是 | 是 | 是 | 是 |
| 行业固定效应 | 是 | 是 | 是 | 是 |
| 年度固定效应 | 是 | 是 | 是 | 是 |
| 样本量 | 37258 | 37258 | 37258 | 37258 |
| $R^2$ | 0.1835 | 0.1823 | 0.2367 | 0.1775 |

注：第（1）列是 $hitech_{cit} = \alpha_0 + \alpha_1 pcp_{ct} \times group_i + \alpha_2 pcp_{ct} + \beta control_{ct} + \phi control_{ct} \times t + \mu_c + \gamma_i + \lambda_t + \varepsilon_{cit}$ 的回归结果；第（2）列是 $hitech_{cit} = \alpha_0 + \alpha_1 pcp_{ct} \times group_i + \alpha_2 pcp_{ct} + \beta control_{ct} + \phi_1 control_{ct} \times t + \phi_2 control_{ct} \times t^2 + \phi_3 control_{ct} \times t^3 + \mu_c + \gamma_i + \lambda_t + \varepsilon_{cit}$ 的回归结果。

# 三、稳健性检验

## （一）排除其他政策干扰

在 2005~2019 年的样本期内，我国还实施了其他促进创新创业的政策，包括 2009 年 82 个城市获批国家级创建创业型城市和 2016 年实施国家创新型试点城市。为排除同期政策的干扰，本章通过如下方法：第一，在基准回归中加入国家创业型城市试点或国家创新型城市试点的虚拟变量 did_other；第二，排除国家创业型城市试点或国家创新型城市试点的样本，并重新进行回归。表 6-7 显示了回归结果，pcp×group 系数均在 1% 的水平上正向显著。

表 6-7　排除其他政策干扰

| | 新创高新技术企业数量（hitech） | | | |
|---|---|---|---|---|
| | （1） | （2） | （3） | （4） |
| pcpt×group | 3.2879 *** | 3.9433 *** | 3.2995 *** | 3.0546 *** |
| | （0.4434） | （0.5602） | （0.4443） | （0.4473） |
| pcp | −1.3667 *** | −1.4665 *** | −1.4608 *** | −1.2685 *** |
| | （0.2218） | （0.2551） | （0.2453） | （0.3041） |

续表

| | 新创高新技术企业数量（hitech） | | | |
|---|---|---|---|---|
| | （1） | （2） | （3） | （4） |
| did_other | 0. 5599 *** (0. 2075) | | 0. 7222 * (0. 4310) | |
| 控制变量 | 是 | 是 | 是 | 是 |
| 城市固定效应 | 是 | 是 | 是 | 是 |
| 行业固定效应 | 是 | 是 | 是 | 是 |
| 年度固定效应 | 是 | 是 | 是 | 是 |
| 样本量 | 37258 | 24764 | 37258 | 22936 |
| $R^2$ | 0. 1780 | 0. 1816 | 0. 1780 | 0. 2699 |

注：\*\*\* 、\*\* 、\*分别表示在 1%、5%、10%的水平上显著；括号内为稳健性标准误差。

## （二）调整截尾偏误

由于被解释变量 hitech 的截断特征和分布特征可能会影响基准回归结果的稳健性，本章进行了一系列检验，以解决与被解释变量的截断问题和右偏分布问题（见表 6-8）。首先，针对被解释变量的截断问题，本书参考 Hall 等（2001）的做法，将新创高新技术企业数量除以同年平均值，缓解截断问题，重新进行回归，第（1）列汇报上述回归结果。同时，剔除了 2016年实施专利质押融资试点的样本，进行子样本回归，结果显示在第（2）列中。其次，针对新创高新技术企业数量的右偏分布特征，使用其自然对数作为被解释变量，重新进行回归，并在第（3）列中报告回归结果。再次，考虑到被解释变量 hitech 是计数数据，采用 Cohn 等（2022）的方法使用泊松回归，并在第（4）列中汇报结果。最后，为了提高回归结果的可信度，使用负二项回归模型，在第（5）列中汇报了回归结果。在上述各种检验中，pcp×group 的系数均呈正向且显著，与基准回归结果保持一致。

表 6-8 调整截尾偏误

| | 新创高新技术企业数量（hitech） | | | | |
|---|---|---|---|---|---|
| | （1） | （2） | （3） | （4） | （5） |
| pcp×group | 0. 6973 *** (0. 0956) | 4. 1587 *** (0. 6050) | 0. 1736 *** (0. 0212) | 0. 4159 *** (0. 0613) | 0. 3303 *** (0. 0386) |

| | 新创高新技术企业数量（hitech） | | | | |
|---|---|---|---|---|---|
| | （1） | （2） | （3） | （4） | （5） |
| pcp | -0.3743 *** | -1.5320 *** | -0.1032 *** | -0.2540 *** | -0.1773 *** |
| | (0.0556) | (0.2993) | (0.0190) | (0.0529) | (0.0352) |
| 控制变量 | 是 | 是 | 是 | 是 | 是 |
| 城市固定效应 | 是 | 是 | 是 | 是 | 是 |
| 行业固定效应 | 是 | 是 | 是 | 是 | 是 |
| 年度固定效应 | 是 | 是 | 是 | 是 | 是 |
| 样本量 | 37258 | 29321 | 37258 | 37260 | 37260 |
| $R^2$ | 0.1915 | 0.1734 | 0.4148 | 0.4798 | 0.1903 |

注：***、**、*分别表示在1%、5%、10%的水平上显著；括号内为稳健性标准误差。

### （三）控制多维固定效应

为了解决基准模型中遗漏变量带来的估计偏误，本章进一步第控制城市—行业固定效应，以消除城市—行业维度中不可观测的差异，回归结果如第（1）列所示。在第（2）列和第（3）列中，本章分别控制行业—年度固定效应和城市—年度固定效应，以吸收潜在的行业—年度和城市—年度的特定冲击。在上述三种情形中，pcp×group 的系数均在1%的水平上正向显著，与基准回归结果一致（见表6-9）。

表6-9 控制多维固定效应

| | 新创高新技术企业数量（hitech） | | |
|---|---|---|---|
| | （1） | （2） | （3） |
| pcp×group | 1.5614 *** | 3.6131 *** | 3.3059 *** |
| | (0.3954) | (0.4748) | (0.4831) |
| pcp | -0.5645 *** | -1.4906 *** | |
| | (0.1737) | (0.2215) | |
| 控制变量 | 是 | 是 | 是 |
| 城市固定效应 | 否 | 是 | 否 |
| 行业固定效应 | 否 | 否 | 是 |
| 年度固定效应 | 是 | 否 | 否 |
| 样本量 | 34866 | 37225 | 36972 |
| $R^2$ | 0.6680 | 0.1971 | 0.1968 |

注：***、**、*分别表示在1%、5%、10%的水平上显著；括号内为稳健性标准误差。

<h2 style="text-align:center">第三节</h2>
<h1 style="text-align:center">对基础研究的影响检验</h1>

## 一、挤出效应检验

研究人员面临着创业与基础研究之间的权衡（Czarnitzki and Toole，2010；Toole and Czarnitzki，2010；Gofman and Jin，2024），表明是否出现人才流失取决于科研人员在创业和基础研究之间的选择。虽然，本章第二节已经揭示实施专利质押融资试点政策对科技创业的积极影响，但实施该政策是否会挤出基础研究尚不清晰，特别是对于那些由专利质押驱动创业导致人才流失的大学。为了检验专利质押融资对大学基础研究的影响，设计如下计量模型：

$$research_{cst} = \sigma_0 + \sigma_1 pcp_{ct} \times group_s + \sigma_2 pcp_{ct} + \beta contro_{ct} + \qquad (6\text{-}3)$$
$$\theta_c + \varphi_s + \omega_t + \varepsilon_{cst}$$

其中，$s$ 表示学科。被解释变量 $research_{cst}$ 表示高校基础研究，包括在 Web of Science 上发表的期刊论文数量和国家自然科学基金资助数量。本章使用学科层面的专利质押率来定义 $group_s$ 虚拟分组变量，其构造细节与行业层面相似，因而不再赘述。其余的变量均与本章第二节的变量一致。受篇幅限制，在回归结果汇报表中只呈现 $pcp_s \times group_s$ 和 $pcp_s$ 的系数。

表 6-10 汇报了采用式（6-3）进行回归分析的估计结果，检验实施专利质押融资试点政策对高校基础研究的影响。在第（1）列和第（2）列中，被解释变量分别为高校的期刊论文数 $article$ 和自科基金数 $fund$。$pcp \times group$ 系数均在 1% 水平上为负且显著，而 $pcp$ 系数均在 1% 水平上为正且显著，表明：实施专利质押融资试点政策对初始专利质押率较低学科的基础研究影响为负，对初始专利质押率较高学科的基础研究影响仍然为正。具体来看，在实施专利质押融资试点政策后，与初始专利质押较高的学科相比，初始专利质押率较低学科的期刊论文数量和自科基金数量的下降幅度更大，分别

为 1.5551 和 8.6764。

**表 6-10　专利质押对基础研究的跨学科影响**

| | 期刊论文 | 自科基金 | 受影响大学的期刊论文 | 受影响大学的自科基金 |
|---|---|---|---|---|
| | *article* | *fund* | *incumarticle* | *incumfund* |
| | （1） | （2） | （3） | （4） |
| *pcp×group* | -1.5551*** | -8.6764*** | -5.2842*** | -0.2518*** |
| | （0.1640） | （0.9048） | （1.7251） | （0.0673） |
| *pcp* | 1.5425*** | 8.4375*** | 4.1524*** | 0.1787*** |
| | （0.1288） | （0.8177） | （1.6035） | （0.0667） |
| 控制变量 | 是 | 是 | 是 | 是 |
| 城市固定效应 | 是 | 是 | 是 | 是 |
| 行业固定效应 | 是 | 是 | 是 | 是 |
| 年度固定效应 | 是 | 是 | 是 | 是 |
| 样本量 | 84588 | 84588 | 84588 | 84588 |
| $R^2$ | 0.3015 | 0.3319 | 0.0674 | 0.0867 |

注：***、**、* 分别表示在 1%、5%、10% 的水平上显著；括号内为稳健性标准误差。

本书认为，真正受到专利质押融资试点政策影响的是那些受专利质押驱动离职创业的研发人员所在的大学（由专利质押导致人才流失的大学）。在第（3）列和第（4）列中，本章分别将被解释变量替换为受影响大学的期刊论文数量 *incumarticle* 和自科基金项目数量 *incumfund*，发现 *pcp×group* 的系数均在 1% 水平上为负且显著，而 *pcp* 的系数至少在 1% 水平下为正且显著。研究结果表明：在受专利质押影响的大学中，实施该政策对初始专利质押率较低学科的基础研究的影响为负，而对初始专利质押率较高学科的影响为正。具体而言，在实施 *pcp* 后，初始专利质押率较低学科的期刊论文和自科基金数量分别下降了 27% 和 41%，即专利质押在促进科技创业的同时，对基础研究产生了挤出效应。上述回归结果验证了研究假说 H7。

为进一步说明基础研究减少是由于研究人员在专利质押融资试点政策激励下更关注专利等形式的应用创新，以实现科技成果转化（如科技创业）的推论（Fong et al.，2018），本章将被解释变量替换为 294 个城市 73 个学科的大学专利数量来重新回归，结果如表 6-11 所示。考虑到创新活动的不确定性，在衡量应用研究产出时，专利授权数量（*patent*）比专利申请量更精确（Aghion et al.，2013）。本章将被解释变量替换为专利授权数量，重新进行回归，回归结果如第（1）列所示。同时，与实用新型专利和外观设计专利相比，发明专利（*invent*）更能表征创新的质量，因此将被解释变量替换为发明专利授权量，回归结果如第（2）列所示。最后，本章还统计了被引用过的专利数量（*cited*），反映专利的真实价值（Trajtenberg，1990；Henderson et al.，1998），将其作为被解释变量进行回归分析，结果如第（3）列所示。表6-11各列中 *pcp×group* 的系数均在1%水平上为正且显著，表明实施专利质押试点政策确实强化了中国高校应用创新的动机，侧面验证专利质押融资确实挤出了高校基础研究。

表6-11　专利质押对应用研究的跨学科影响

| | 专利授权数量（*patent*） | 发明专利数量（*invent*） | 被引用的专利数（*cited*） |
|---|---|---|---|
| | （1） | （2） | （3） |
| *pcp×group* | 0.2361 *** <br>（0.0266） | 0.1851 *** <br>（0.0271） | 0.2981 *** <br>（0.0243） |
| *pcp* | 0.1560 *** <br>（0.0246） | 0.2775 *** <br>（0.0251） | 0.0108 <br>（0.0221） |
| 控制变量 | 是 | 是 | 否 |
| 城市固定效应 | 是 | 是 | 否 |
| 行业固定效应 | 是 | 是 | 是 |
| 年度固定效应 | 是 | 是 | 是 |
| 样本量 | 98280 | 98280 | 98280 |
| $R^2$ | 0.7387 | 0.7152 | 0.6958 |

注：***、**、* 分别表示在1%、5%、10%的水平上显著；括号内为稳健性标准误差。

## 二、挤出效应的异质性检验

实施专利质押融资试点政策可能对不同类型大学的基础研究产生不同影响，考虑到政策效果与大学类型密切相关（Kang and Liu，2021），本章检验了实施该试点政策对基础研究的异质性影响效应，以探究谁承担了该项政策的成本，回归结果如表6-12所示。根据大学学科范围，可以分为人文类大学（语言、政法、财经、体育、艺术类高校）、自然类大学（农林、医学、理工类大学）、综合性大学和其他大学（师范、民族、军事类大学）

四种类型。在第（1）列~第（4）列中，被解释变量为四类大学的期刊论文数量，在第（5）列~第（8）列中，被解释变量为其自科基金数量。回归结果表明，专利质押融资试点政策对自然类和综合性大学的基础研究挤出效应较强，而对人文类大学的挤出效应并不显著。在更重视科学研究的大学中，专利质押融资能驱动应用创新和创业活动，但与此同时，也将对基础研究形成更强的挤出效应。

**表 6-12　专利质押对基础研究挤出效应的异质性检验**

| | 期刊论文（article） | | | | 自科基金（fund） | | | |
|---|---|---|---|---|---|---|---|---|
| | (1) | (2) | (3) | (4) | (5) | (6) | (7) | (8) |
| $pcp \times group$ | 0.0523 (0.0593) | -8.0066*** (0.7357) | -18.8942*** (1.3353) | -6.9999*** (0.5596) | -0.0017 (0.0034) | -0.3006*** (0.0574) | -1.2974*** (0.1145) | -0.2292*** (0.0331) |
| $pcp$ | -0.0309 (0.0451) | 7.8665*** (0.6437) | 16.4417*** (1.1463) | 6.0464*** (0.5530) | 0.0001 (0.0027) | 0.3535*** (0.0557) | 1.0444*** (0.1118) | 0.2262*** (0.0310) |
| 高校固定效应 | 是 | 是 | 是 | 是 | 是 | 是 | 是 | 是 |
| 学科固定效应 | 是 | 是 | 是 | 是 | 是 | 是 | 是 | 是 |
| 年度固定效应 | 是 | 是 | 是 | 是 | 是 | 是 | 是 | 是 |
| 样本量 | 90300 | 185220 | 146160 | 74760 | 90300 | 185220 | 146160 | 74760 |
| $R^2$ | 0.1442 | 0.2404 | 0.2738 | 0.2795 | 0.0853 | 0.1528 | 0.1911 | 0.2061 |

| | (9) | (10) | (11) | (12) |
|---|---|---|---|---|
| $pcp \times group$ | -16.2400*** (2.4079) | -2.5218*** (0.1918) | -1.1779*** (0.2019) | -0.1338*** (0.0184) |
| $pcp$ | 3.3873 (2.4920) | 2.6493*** (0.2156) | 0.4642* (0.2450) | 0.1224*** (0.0193) |
| 高校固定效应 | 是 | 是 | 是 | 是 |
| 学科固定效应 | 是 | 是 | 是 | 是 |
| 年度固定效应 | 是 | 是 | 是 | 是 |
| 样本量 | 47880 | 448560 | 47880 | 448560 |
| $R^2$ | 0.3692 | 0.1977 | 0.2211 | 0.1158 |

注：***、**、*分别表示在1%、5%、10%的水平上显著；括号内为稳健性标准误差。

此外，专利质押融资对基础研究的影响在教育部部属大学和地方大学之间也存在差异。在表 6-12 的第（9）列和第（10）列中，本章将被解释变量替换为两类大学的期刊论文数量，在第（11）列和第（12）列中，被解释变量分别为两类大学的自科基金数量。结果表明，由于部属大学往往拥有更多的资源，其在推动改革和创新方面发挥着主导作用，也更有能力适应体制变化以实现专利等应用技术的商业化；相比之下，地方大学可能没有同等水平的资源，虽然也可能受专利质押的影响，但其基础研究的挤出效应可能不那么明显。总体而言，实施专利质押融资试点政策可能会导致大学研究活动的重点转向应用创新和科技创业，导致基础研究产出减少，特别是在科学研究水平较高或资源更丰富的大学中，专利质押对基础研究形成的挤出效应更强。

专利质押以专利权为担保物，其产生的挤出效应也受到不同学科专利技术密集度的约束。表 6-13 分析了专利质押融资对不同学科基础研究的异质性影响。本章根据各学科年度专利数量的中位数，将样本分为低技术密集型和高技术密集型学科，并分别对这两个子样本进行回归。回归结果表明，在高技术密集型学科中，实施专利质押对期刊论文和自科基金的挤出效应更大更显著，这是因为其创新敏感性或技术强度越高，研究人员在专利质押政策支持下进行应用创新的可能性越大，对基础研究的挤出效应也就越显著。

**表 6-13　专利质押对基础研究的跨学科影响**

| | 期刊论文（*article*） | | 自科基金（*fund*） | |
|---|---|---|---|---|
| | （1） | （2） | （3） | （4） |
| | 低 | 高 | 低 | 高 |
| *pcp×group* | −2.2394 *** | −17.6436 *** | −0.4218 *** | −0.4636 *** |
| | （0.3712） | （0.9690） | （0.0571） | （0.0353） |
| *pcp* | 3.3800 *** | 15.1203 *** | 0.3979 *** | 0.4031 *** |
| | （0.2975） | （0.8842） | （0.0577） | （0.0347） |
| 高校固定效应 | 是 | 是 | 是 | 是 |
| 学科固定效应 | 是 | 是 | 是 | 是 |
| 年度固定效应 | 是 | 是 | 是 | 是 |
| 样本量 | 241128 | 255312 | 241128 | 255312 |
| $R^2$ | 0.2232 | 0.3100 | 0.1333 | 0.3385 |

注：***、**、* 分别表示在 1%、5%、10% 的水平上显著；括号内为稳健性标准误差。

# 第四节
# 影响创新转化的成本收益分析

上述实证检验分析了专利质押是否可以实现科技创业与基础研究之间的权衡。专利质押融资试点政策的主要收益是促进科技创业，这与创新和经济增长高度相关。在表 6-3 的 Panel A 的第（2）列中，*pcp* 的系数估计为 2.3309。表明实施专利质押融资试点政策后，试点城市的科技创业相较于非试点城市显著增加了 2.3309 家。在考虑实施该政策对跨行业科技创业的影响时，在表 6-5 的第（2）列中，*pcp*×*group* 的系数为 3.2860，即实施该政策后，在试点城市中，对于初始质押率较低的行业，新创高新技术企业数量增加 3.2860 家。

同样地，实施专利质押融资试点政策也存在一定成本，如导致基础研究的减少。在表 6-10 的第（1）列中，*pcp*×*group* 和 *pcp* 的系数分别为 -1.5551 和 1.5425，第（2）列的系数分别为 -8.6764 和 8.4375，说明实施专利质押融资试点政策后，在试点城市的大学中，相对于初始质押率较高的学科，初始专利质押率较低学科的期刊论文和自科基金数量分别减少 0.0126×100 和 0.2389。

根据 2005~2019 年高新技术企业注册登记信息，高新技术企业平均注册资本为 441.64 万元，因此专利质押融资试点政策将带来 1029.42 万元的政策效益。

上述成本收益分析表明，通过实施专利质押融资试点政策促进科技创业的收益远远超过其挤出基础研究的成本。然而，上述分析还存在如下三个局限性：第一，由于数据限制，上述成本效益分析主要集中在基础研究数量上，但可能还有其他成本，如大学毕业生的质量和他们的创业活动（Gofman and Jin，2024）。同时，收益也不仅体现在激励科技创业上，还体现在强化应用创新等方面（Mann，2018；De rassenfosse and Palangkaraya，2023）。第二，以上成本收益分析比较粗糙，在本章框架下，高新技术企业的经济价值也没有完全反映在其注册资本中。此外，估计基础研究形成的知识溢出效应也具有挑战性，这可能导致对该政策成本的低估。第三，上述分析是局部均衡分析，忽略了市场中其他参与者的反馈效应，这些反馈效应也可能影响最终的成本收益。

## 第五节
## 影响创新转化的机制检验

实证结果表明，实施专利质押对科技创业存在积极影响，但会对受影响高校的基础研究产生挤出效应。本节将研究专利质押影响创新转化的潜在机制，鉴于该政策实施的收益大于成本，本节将强调专利质押促进科技创业的机制，重点分析两种潜在机制：促进科研人员在职创业和分担科技创业风险。

### 一、促进科研人员在职创业

首先，专利质押对科技创业的正向影响，以及其对基础研究的挤出效应与科研人员流失有紧密联系。由于大学、公司和研究机构的在职科研人员可能预期利用专利质押获得贷款，从而为科技创业活动提供债务融资，这为促进科研人员在职创业机制提供了启发性证据。为量化由大学、公司和研究机构的在职科研人员进行创业的企业数量，本章采用变量选取与测度中科技创业第二组变量的测算方法，统计在职创业数和在职高新技术创业数，替换基准回归的被解释变量，回归结果如表6-14所示。具体而言，将incoPat数据库中专利发明人的姓名、城市和行业与天眼查工商注册登记数据中的企业法人进行匹配，筛选出专利申请人是非个人（如公司、大学和研究机构）的观测结果，并筛选出专利质押年份小于或等于企业成立年份的样本，在城市—行业—年度层面汇总，可获得在职人员所创办的企业数量，即在职创业数，将其作为被解释变量，回归结果如第（1）列所示。由于高新技术企业是在企业满足特定标准后才能申请认证，上述数据中的高新技术企业在城市—行业—年度层面加总获得在职人员创建的高新技术企业数量，即将在职高新技术创业数作为被解释变量，回归结果如第（2）列所示。

若促进科研人员在职创业的机制成立，则专利质押融资试点政策的实施将导致在职创业数和在职高新技术创业数增加。表 6-14 中 $pcp \times group$ 的系数在 1% 水平上均显著为正，说明专利质押会鼓励科研人员在职创业，即为应对基础研究和应用研究之间的矛盾（Thursby et al.，2001；Siegel et al.，2003），专利质押通过实现专利的知识价值和担保价值，将激励研究人员优先进行应用创新，并依托专利等应用研究成果进行科技创业。

表 6-14　促进科研人员在职创业的机制

| | 在职创业数 | 在职高新技术创业数 |
|---|---|---|
| | （1） | （2） |
| $pcp \times group$ | 0.9666 *** | 0.0264 *** |
| | （0.0992） | （0.0080） |
| $pcp$ | 0.1046 | 0.0092 * |
| | （0.0713） | （0.0052） |
| 控制变量 | 是 | 是 |
| 城市固定效应 | 是 | 是 |
| 行业固定效应 | 是 | 是 |
| 年度固定效应 | 是 | 是 |
| 样本量 | 37258 | 37258 |
| $R^2$ | 0.1672 | 0.0537 |

注：***、**、* 分别表示在 1%、5%、10% 的水平上显著；括号内为稳健性标准误差。

## 二、分担科技创业风险

专利信息作为一种企业技术创新的利好信号（Bhattacharya and Ritter，1983；Gambardella，2023），有助于将借贷双方的私人信息转换为公开信息，缓解信息不对称，吸引银团贷款和资本市场的关注和投资（Saidi and Zaldokas，2021；Liu and Tian，2022），为企业提供更多时间寻找资金支持，进一步分担创业风险。本部分通过在基准回归模型中引入 $mech_i$ 及其与 $pcp_{ct} \times group_i$ 和 $pcp_{ct}$ 的交互项，考察在风险投资水平和破产可能性不同行业中，专利质押对科技创业的正向影响是否存在差异，以验证分担科技创业风险的潜在机制是否存在。考虑到篇幅限制，本章在回归结果分析表中仅报告了关键变量的系数，其中 $mech_i \times pcp_{ct} \times group_i$ 表示机制变量对专利质押影响科技创业所产生的调节作用。在运用调节变量做因果推断研究时，一个好的机制变量要求本身应该较为稳定或其变动是外生的，即不受处理变量或结果变量的影响（Balli and Sørensen，2013），故下文将重点关注和分析机制变量的外生性特征。

一方面，考察在风险投资水平不同行业中，专利质押的影响效应是否存在差异，验证专利质押吸引风险投资，继而缓解科技创业风险的机制。由于发达国家金融市场相对完善，可合理近似为拥有最优风险投资环境和资金供给服务，企业投融资数据更能反映风险投资市场的真实偏好；此外，选择国外数据可确保风险投资偏好不会受国内金融市场发展的内生性影响（Manova et al.，2015），故本节基于 Crunchbase 数据库，将近 5 万家初创公司投融资数据按照国民经济行业分类（GB/T 4754—2017）进行加总，选取不同行业初创企业的风险投资轮次 round 和风险投资规模 scale 的均值衡量不同行业风险投资偏好。其中，风险投资轮次是企业通过风投注资获得股权融资的次数，风险投资规模为企业获得的风险投资融资总额。表 6-15 的第（1）列和第（2）列报告了吸引风险投资进入，分散科技创业风险机制的检验结果。结果显示，$mech \times pcp \times group$ 的系数至少在 5% 的水平上均显著为负，说明在风险投资偏好较低的行业中，更有可能从专利质押融资试点政策中受益，试点政策能更好地满足非风投偏好行业的融资需求，从而更大幅度缓解其资金短缺问题对创新转化形成的约束，促进该行业的科技创业活跃度提升。

表 6-15 分担科技创业风险的机制

| | 吸引风险投资 | | 延长经营轨道 | |
|---|---|---|---|---|
| | *round* | *scale* | *hard* | *decay* |
| | （1） | （2） | （3） | （4） |
| *mech×pcp×group* | −1.2434 ** | −0.0461 *** | 14.4468 *** | 5.6155 ** |
| | （0.5537） | （0.0071） | （2.6850） | （2.5806） |
| *mech×pcp* | 0.7792 *** | −0.0036 | −0.5638 | −3.9300 *** |
| | （0.2188） | （0.0025） | （0.8262） | （1.4340） |
| *pcp×group* | 6.6624 *** | 4.3896 *** | −2.6301 *** | 1.6067 * |
| | （1.5772） | （0.6115） | （0.8102） | （0.9610） |
| *pcp* | −3.5460 *** | −1.4121 *** | −1.3159 *** | −0.2002 |
| | （0.5931） | （0.3033） | （0.4059） | （0.5548） |
| 控制变量 | 是 | 是 | 是 | 是 |

续表

| | 吸引风险投资 | | 延长经营轨道 | |
|---|---|---|---|---|
| | round | scale | hard | decay |
| | （1） | （2） | （3） | （4） |
| 城市固定效应 | 是 | 是 | 是 | 是 |
| 行业固定效应 | 是 | 是 | 是 | 是 |
| 年度固定效应 | 是 | 是 | 是 | 是 |
| 样本量 | 29369 | 31367 | 34716 | 34716 |
| $R^2$ | 0.1844 | 0.1837 | 0.1859 | 0.1830 |

注：\*\*\*、\*\*、\* 分别表示在1%、5%、10%的水平上显著；括号内为稳健性标准误差。

另一方面，考察在破产可能性不同行业中，专利质押融资的影响效应是否存在差异，验证专利质押延长经营轨道、分散科技创业风险的机制。考虑到机制变量的外生性及数据可得性，本部分使用样本期之前（2000～2004年）的上市公司数据，测算不同行业中 Z 评分小于 2.67 的上市公司占比 hard，即可能面临财务困境、潜伏破产风险的企业占比（Altman，1968），以及各行业中处于生命衰退周期的上市公司占比 slump，衡量不同行业的经营存续周期，上市公司数据源于国泰安数据库 CSMAR。表 6-15 的第（3）列和第（4）列显示延长经营轨道、分散科技创业风险机制的回归结果。结果显示，mech×pcp×group 的系数至少在 5%的水平上均显著为正，表明对于面临财务困境较多、处于衰退周期较多的行业而言，专利质押融资试点政策更能释放创新转化的积极信号，延长初创高新技术企业经营轨道，化解科技创业过程中的市场化和商业化风险，提升新创高新技术企业的成果产业化落地能力。

## 第六节
# 本章小结

本章以专利质押融资试点政策为自然实验，采用双重差分法评估其对科技创业和基础研究的影响，并使用每个行业或学科的初始专利抵押率来反映跨行业或学科的异质性影响。研究发现：专利质押融资试点对当地科技创业存在正向影响，且这种正向影响在初始专利抵押率较低的行业中更为明显。上述结果在一系列稳健性检验后，依然稳健可靠。

在此基础上，本章还从基础研究视角探究专利质押融资试点政策带来的成本效应。研究发现：专利质押融资试点挤出了当地大学的基础研究，而且这种挤出效应仅出现在初始专利抵押率较低的学科中。同时，专利质押融资试点将使大学的应用创新显著增加，特别是对于初始专利抵押率较低的学科，侧面验证了该项试点政策对基础研究的挤出效应。成本收益分析表明，专利质押融资试点政策的收益远远超过其成本，因为专利质押试点的政策效应，只有初始专利抵押率较低的主体承担成本。

促进在职科研人员创业和分担科技创业风险是专利质押试点促进科技创业和挤出基础研究的两种可能机制。本章从促进科技创业和挤出基础研究的角度，为风险贷款的成本效益评估提供了新的视角，能对高新技术创业与基础研究之间的权衡、专利质押的影响，以及政府政策在促进创业、创新中的作用等方面的文献进行有益补充。

# 第七章

# 专利质押的减污降碳效应检验

# 第一节
## 实证研究设计

### 一、数据来源

为系统研究专利质押试点政策对环境污染治理的影响，本章数据主要包括污染排放、企业注册、专利信息和城市特征四个部分，其中，企业注册数据来自天眼查工商注册数据检索平台，专利信息来自 incoPat 全球知识产权数据库，污染排放和城市特征数据来自《中国城市统计年鉴》，并剔除了因行政区划调整而变更的地级市及数据缺失严重的地区。本章通过城市名称匹配污染数据、创业数据、专利数据和城市特征，确保匹配的准确性。

由于中国专利质押试点政策是 2008 年、2009 年、2010 年、2012 年和 2016 年分五批实施的，本章样本期涵盖了 2005～2019 年，以确保在 2008 年第一批开始之前和 2016 年最后一批结束之后有足够的窗口期。最后，本章节的实证研究样本包括 294 个城市、15 年跨度，包含 3629 个城市—年度层面的样本数据。

### 二、变量选择

#### （一）被解释变量

被解释变量是污染排放、碳排放指标（*pollute*）。考虑到数据的可得性和合理性，本章将二氧化硫和二氧化碳的排放量作为衡量减污降碳效果的主要指标，还将工业氮氧化物排放量和 PM2.5 颗粒平均值作为替代因变量，检验回归结果的稳健性。由于不同年份各个城市间环境污染差异较大，在不改变数据特征和相关性的前提下，本章将二氧化硫（*so2*）、二氧化碳（*co2*）、工业氮氧化物（*no*）和 PM2.5 颗粒（*pm*）进行取对数处理，作为被解释变量。

#### （二）核心解释变量

核心解释变量为专利质押融资试点政策。专利质押是指债务人以专利中的财产权质押，当债务人不履行债务时，债权人有权按照出质专利中的财产权，实现优先受偿的担保方式。为了促进和深化专利质押业务，自 2008 年以来，国家知识产权局共公布了五批专利质押试点①。本章基于专利质押试点政策作为一个自然实验，采用虚拟变量 *did* 来表示专利质押试点政策是否实施，即试点城市在政策实施一年后，将 *did* 取值为 1，否则取值为 0。

在此基础上，由于专利质押试点政策在绿色创新发展程度不同的地区间可能存在异质性影响，本章需要寻找一个合适的强度变量（*intensity*）与虚拟变量 *did* 交乘，得到交互项 *ddd* 以衡量专利质押试点政策在城市间的不同影响。为了克服内生性造成的估计偏差，本章选取 2005 ～ 2007 年（2008 年第一批试点政策前）各城市绿色专利率②的平均值作为强度变量标准（Brandt et al.，2017），考察专利质押试点政策对不同城市的影响差异。

**（三）控制变量**

参考 Wang 等（2023a，b）和 Liu 等（2023）的做法，本章控制了一系列影响环境污染的城市特征变量，包括城市 GDP 的自然对数（*gdp*）、第二产业占 GDP 的比例（*manu*）、常住人口的自然对数（*pop*）、地方财政支出的自然对数（FISC）、外商直接投资的自然对数（*fdi*）和地方科技财政支出的自然对数（*tech*）。主要变量的描述性统计结果及数据来源如表 7-1 所示，其中专利质押试点政策均值为 0.0529，表明 2005 ～ 2019 年约有 5.29% 的城市实施了专利质押融资试点政策。

表 7-1 描述性统计结果

| 变量 | 样本量 | 均值 | 标准差 | 最小值 | 最大值 | 数据来源 |
|---|---|---|---|---|---|---|
| $so_2$ | 3629 | 10.5108 | 1.1700 | 0.6931 | 14.2384 | CUSY |
| $co_2$ | 3629 | 16.7853 | 0.7915 | 14.3598 | 19.2567 | CUSY |
| *ddd* | 3610 | 0.3065 | 1.4596 | 0.0000 | 13.9295 | SIPO and incoPat |
| *did* | 3629 | 0.0529 | 0.2239 | 0.0000 | 1.0000 | SIPO |
| *intensity* | 3610 | 5.4927 | 2.5837 | 0.0000 | 14.1329 | incoPat |
| *gdp* | 3377 | 6.8528 | 1.0139 | 3.8039 | 10.2463 | CUSY |
| *manu* | 3376 | 49.1036 | 10.8635 | 9.0000 | 90.9700 | CUSY |

---

① 在第五章已经详细阐述。

② 绿色专利率 = 绿色专利数 / 专利授权数。

| 变量 | 样本量 | 均值 | 标准差 | 最小值 | 最大值 | 数据来源 |
|------|--------|------|--------|--------|--------|----------|
| *pop* | 3619 | 5.8582 | 0.6904 | 2.8461 | 8.1289 | CUSY |
| *fisc* | 3629 | 14.2086 | 0.9842 | 10.8062 | 18.1393 | CUSY |
| *fdi* | 3447 | 9.7690 | 1.8713 | 2.0794 | 14.9413 | CUSY |
| *tech* | 3629 | 12.4853 | 0.9905 | 6.9017 | 16.0820 | CUSY |

## 三、模型设计

分析城市污染排放的影响因素主要包括两种方法：一种是非线性方法，如随机森林（Lin et al.，2021，2023）；另一种是线性方法（Wang et al.，2023a，2023b；Liu et al.，2023）。根据数据特点，本章采用线性方法来研究变量间的影响关系。由于专利质押试点是分批次实施的，且专利质押试点政策对不同城市的影响不同，本章构建如下交叠 DID 模型和广义 DID 模型来评估专利质押试点政策对环境污染治理的影响：

$$pollute_{ct} = \alpha_0 + \alpha_1 \, did_{ct} + \alpha \, control_{ct} + \mu_c + \lambda_t + \varepsilon_{ct} \qquad (7-1)$$

$$pollute_{ct} = \beta_0 + \beta_1 \, ddd_{ct} + \beta_2 \, did_{ct} + \beta \, control_{ct} + \mu_c + \lambda_t + \varepsilon_{ct} \qquad (7-2)$$

其中，$c$ 代表城市，$t$ 代表时间。被解释变量 $pollute_{ct}$ 表示城市 $c$ 年份 $t$ 的环境污染排放和碳排放，包括二氧化硫排放量（$so_2$）和二氧化碳排放量（$co_2$）。式（7-1）中的核心解释变量 $did_{ct}$ 表示是否实施专利质押融资试点政策的虚拟变量，式（7-2）中的核心解释变量 $ddd_{ct}$ 表示 $did_{ct}$ 与强度变量 $intensity_c$ 的交互项。控制变量 $control_{ct}$ 表示影响环境污染的城市特征变量。$\mu_c$ 为城市固定效应，$\lambda_t$ 为时间固定效应，$\varepsilon_{ct}$ 为误差项，稳健标准误聚类到城市层面。

## 第二节
## 实证结果分析

## 一、基准回归结果

采用交叠 DID 模型和广义 DID 模型考察专利质押试点政策对环境污染

影响的回归结果如表 7-2 所示。第(1)列和第(2)列结果显示，自变量 $did$ 的系数至少在 10% 的水平上均显著为负，说明专利质押融资显著降低了环境污染排放。从经济意义上分析，$did$ 系数分别为 -0.1596 和 -0.0467，这意味着与非试点地区相比，试点地区二氧化硫和二氧化碳排放量平均下降 15.96% 和 4.67%，其控制变量的系数符号基本与已有文献一致。

从第(3)列和第(4)列的结果可以看出，自变量 $ddd$ 的系数至少在 1% 的水平上都显著为正，说明在绿色专利率($intensity$)越低的城市中，专利质押融资试点政策对环境污染的影响越强。这是因为在绿色专利率较低的城市中，专利质押更有助于激励绿色创新，且绿色专利对污染减排的边际影响更强。从经济意义上分析，$ddd$ 系数分别为 0.0380 和 0.0413，这意味着在专利质押试点政策冲击后，强度变量减少一个四分位距，二氧化硫和二氧化碳的排放量分别比其平均值下降 12.58% 和 13.67%[①]，其控制变量的系数符号基本与已有文献一致。

表 7-2　基准回归结果

| | 交叠 DID 模型 | | 广义 DID 模型 | |
|---|---|---|---|---|
| | (1) | (2) | (3) | (4) |
| | $so_2$ | $co_2$ | $so_2$ | $co_2$ |
| $ddd$ | | | 0.0380 *** | 0.0413 *** |
| | | | (0.0136) | (0.0131) |
| $did$ | -0.1596 ** | -0.0467 * | -0.2548 ** | -0.2778 *** |
| | (0.0798) | (0.0267) | (0.0994) | (0.0913) |
| $gdp$ | 0.1205 | 0.1753 *** | 0.1154 | 0.1718 *** |
| | (0.1567) | (0.0451) | (0.1573) | (0.0453) |
| $manu$ | 0.0068 | 0.0016 | 0.0071 | 0.0016 |
| | (0.0051) | (0.0011) | (0.0051) | (0.0011) |
| $pop$ | 0.0603 | 0.0399 | 0.0550 | 0.0364 |
| | (0.2312) | (0.0372) | (0.2288) | (0.0349) |

① 在表 7-2 的第(3)列，由于 $d[\ln(so_2)]/d(intensity) = -0.0380 \times did$，当 $intensity$ 从第三四分位数 7.0427 减少至第一四分位数 3.7322，专利质押试点政策的实施将使二氧化硫排放变化 $\Delta d(so_2)/so_2 = 0.0380 \times \Delta did \times so_2 \times d(intensity)/so_2 = 0.0380 \times (3.7322-7.0427) = -12.58\%$；同样地，在表 7-2 的第(4)列，当 $intensity$ 从第三四分位数 7.0427 减少至第一四分位数 3.7322，专利质押试点政策的实施将使二氧化碳排放变化 $\Delta d(co_2)/co_2 = 0.0413 \times \Delta did \times co_2 \times d(intensity)/co_2 = 0.0413 \times (3.7322-7.0427) = -13.67\%$。

续表

| | 交叠 DID 模型 | | 广义 DID 模型 | |
|---|---|---|---|---|
| | (1) | (2) | (3) | (4) |
| | $so_2$ | $co_2$ | $so_2$ | $co_2$ |
| $fisc$ | 0.1528 | 0.0958 *** | 0.1549 | 0.0935 *** |
| | (0.1049) | (0.0222) | (0.1047) | (0.0217) |
| $fdi$ | −0.0466 *** | −0.0080 ** | −0.0469 *** | −0.0082 ** |
| | (0.0177) | (0.0033) | (0.0178) | (0.0033) |
| $tech$ | −0.1060 | 0.0236 | −0.1016 | 0.0246 |
| | (0.0997) | (0.0173) | (0.0990) | (0.0164) |
| $Constant$ | 8.5134 *** | 13.7055 *** | 8.4874 *** | 13.7788 *** |
| | (2.0297) | (0.4187) | (2.0167) | (0.4112) |
| 城市固定效应 | 是 | 是 | 是 | 是 |
| 年度固定效应 | 是 | 是 | 是 | 是 |
| 样本量 | 3645 | 3252 | 3625 | 3234 |
| $R^2$ | 0.8342 | 0.9931 | 0.8328 | 0.9931 |

## 二、稳健性检验

### (一) 平行趋势检验

由于专利质押试点政策是分批实施的，受到政策冲击的时点较多，图 7-1 使用事件研究方法，在 90% 置信水平上进行平行趋势检验。从图 7-1 (a) 和图 7-1 (b) 可以看出，在政策实施前，试点地区和非试点地区的二氧化硫和二氧化碳排放量差异不显著，且数值较小，满足平行趋势假设；在政策实施后，试点地区的环境污染明显减少。

### (二) 安慰剂检验

为了缓解不可观测因素造成的"隐性偏差"问题，图 7-2 通过从样本中随机抽取 500 次与真实试点城市等量的伪实验组，进行安慰剂检验。从图 7-2 (a) 和图 7-2 (b) 可以发现，由于随机生成的伪实验组并非真实，专利质押试点政策对二氧化硫排放和二氧化碳排放的影响系数主要集中在 0 附近，且 $p$ 值大多高于 0.1，与实际系数存在显著差异，意味着虚拟政策与环境污染没有直接关系。

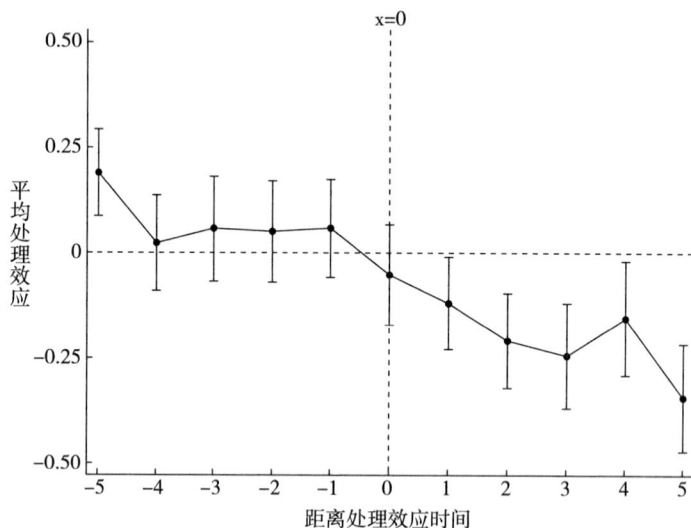

（a）二氧化硫排放

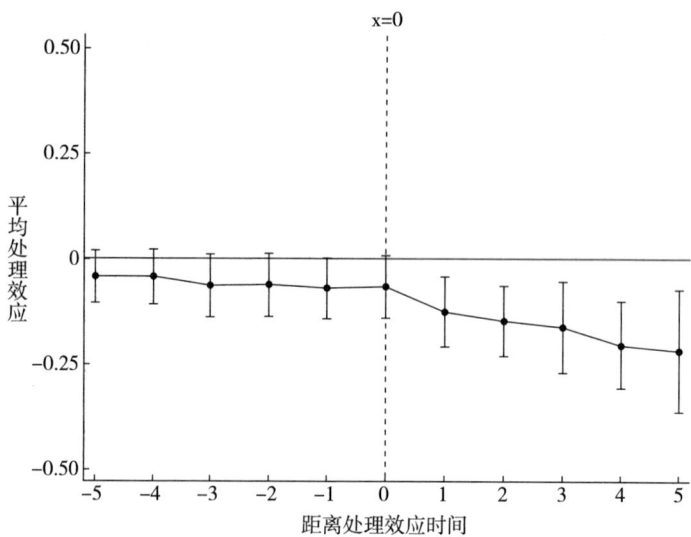

（b）二氧化碳排放

**图 7-1　平行趋势检验**

（a）二氧化硫排放量

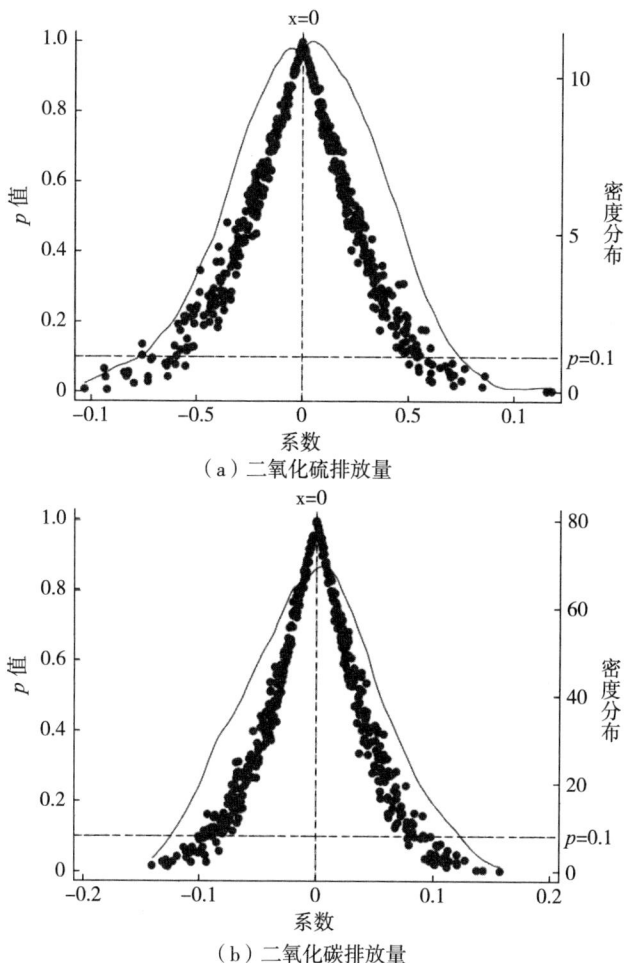

（b）二氧化碳排放量

图 7-2　安慰剂检验

### （三）异质性处理效应

为纠正交叠 DID 模型中传统双向固定效应估计的潜在偏差，本章通过寻找一个合理的对照组或利用对照组计算合理反事实结果变量，解决同一处理对不同个体可能产生的差异化效果。本部分采用计算组别—时期加权平均处理效应（Sun and Abraham，2021；Callaway and Sant'anna，2021；De Chaisemartin and D'Haultfoeuille，2024）、利用插补方法构造合理的反事实对照组（Borusyak et al.，2024）、按照相对事件时间堆叠数据回归估计处理效应（Cengiz et al.，2019）六种异质性稳健估计方法，上述事件研究结果如

表7-3所示，基本满足平行趋势假设和动态处理效果，说明考虑异质性处理效应对估计结果并无实质性影响。

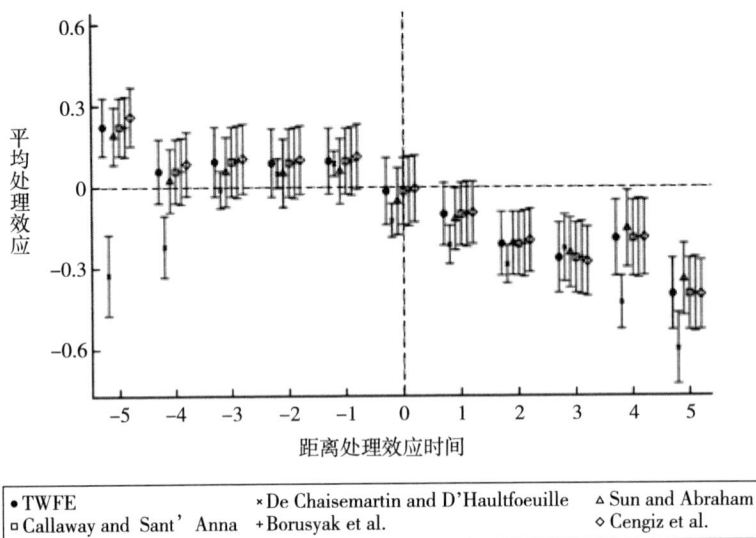

（a）二氧化硫排放

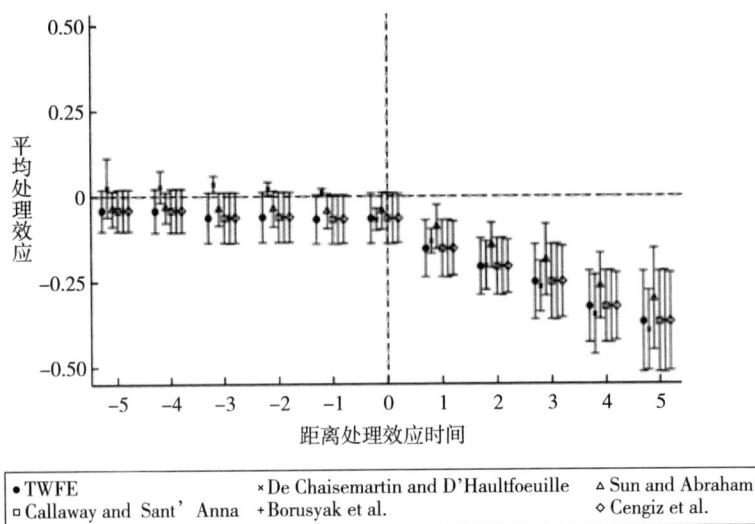

（b）二氧化碳排放

图7-3 异质性处理效应

### (四)替换被解释变量

除二氧化硫和二氧化碳外,其他污染物的排放也可能受到专利质押融资试点的影响。因此,本章节采用工业氮氧化物排放($no$)和PM2.5颗粒($pm$)的自然对数作为被解释变量,结果如表7-3所示。主要变量$did$和$ddd$的系数分别显著为负和正。这表明专利质押融资试点政策可以有效减少环境污染,特别是在绿色专利率较低的城市中,其污染减排效应更显著。因此,基准结果是稳健可靠的。

**表7-3　替换被解释变量**

| | 工业氮氧化物排放($no$) | | PM2.5 颗粒($pm$) | |
| --- | --- | --- | --- | --- |
| | (1) | (2) | (3) | (4) |
| $ddd$ | | 0.0237* | | 0.0143*** |
| | | (0.0141) | | (0.0038) |
| $did$ | −0.1542* | −0.1692 | −0.0204** | −0.0938*** |
| | (0.0810) | (0.1061) | (0.0089) | (0.0287) |
| 控制变量 | 是 | 是 | 是 | 是 |
| 城市固定效应 | 是 | 是 | 是 | 是 |
| 年度固定效应 | 是 | 是 | 是 | 是 |
| 样本量 | 3859 | 3856 | 3842 | 3815 |
| $R^2$ | 0.7551 | 0.8726 | 0.9601 | 0.9595 |

### (五)排除其他政策干扰

2005~2019年的样本期内,中国政府还实施了其他相关政策来减少环境污染,包括二氧化硫排放权交易试点政策、碳排放权交易试点政策、节能减排城市和低碳试点城市等。本章采用两种方法来排除上述政策的干扰:一种是在基准模型中依次加入上述干扰政策的虚拟变量$did\_other$;另一种是剔除受上述政策影响的实验组样本。从表7-4结果发现,无论采用何种方法,$ddd$的系数仍然显著为正,$did$的系数仍然显著为负,说明在排除其他政策的混杂效应后,上述回归结果依然是稳健的。

### 表 7-4　排除其他政策干扰

| | 二氧化硫排放权交易试点政策 | | | | 碳排放权交易试点政策 | | | |
|---|---|---|---|---|---|---|---|---|
| | (1) | (2) | (3) | (4) | (5) | (6) | (7) | (8) |
| | $so_2$ | $co_2$ | $so_2$ | $co_2$ | $so_2$ | $co_2$ | $so_2$ | $co_2$ |
| $ddd$ | 0.0382*** | 0.0413*** | 0.0396* | 0.0327* | 0.0376*** | 0.0411*** | 0.0408** | 0.0429** |
| | (0.0137) | (0.0131) | (0.0210) | (0.0181) | (0.0136) | (0.0133) | (0.0207) | (0.0176) |
| $did$ | −0.2556** | −0.2777*** | −0.2751* | −0.2383* | −0.2419** | −0.2709*** | −0.2658* | −0.2982** |
| | (0.0998) | (0.0913) | (0.1461) | (0.1218) | (0.1013) | (0.0936) | (0.1491) | (0.1192) |
| $did\_other$ | −0.0415* | −0.0016 | | | −0.0546 | 0.0295 | | |
| | (0.0220) | (0.0192) | | | (0.0335) | (0.0328) | | |
| 控制变量 | 是 | 是 | 是 | 是 | 是 | 是 | 是 | 是 |
| 城市固定效应 | 是 | 是 | 是 | 是 | 是 | 是 | 是 | 是 |
| 年度固定效应 | 是 | 是 | 是 | 是 | 是 | 是 | 是 | 是 |
| 样本量 | 3618 | 3618 | 2164 | 2164 | 3618 | 3618 | 3128 | 3128 |
| $R^2$ | 0.9400 | 0.9390 | 0.9365 | 0.9356 | 0.9400 | 0.9391 | 0.9369 | 0.9369 |

| | 节能减排城市 | | | | 低碳试点城市 | | | |
|---|---|---|---|---|---|---|---|---|
| | (9) | (10) | (11) | (12) | (13) | (14) | (15) | (16) |
| | $so_2$ | $co_2$ | $so_2$ | $co_2$ | $so_2$ | $co_2$ | $so_2$ | $co_2$ |
| $ddd$ | 0.0376*** | 0.0408*** | 0.0420*** | 0.0474*** | 0.0377*** | 0.0412*** | 0.0973*** | 0.1089*** |
| | (0.0139) | (0.0133) | (0.0155) | (0.0146) | (0.0136) | (0.0131) | (0.0296) | (0.0231) |
| $did$ | −0.2531** | −0.2761*** | −0.2485** | −0.2885*** | −0.2589*** | −0.2786*** | −0.5725*** | −0.6483*** |
| | (0.1003) | (0.0915) | (0.1075) | (0.0944) | (0.0993) | (0.0914) | (0.1843) | (0.1562) |
| $did\_other$ | 0.0449 | −0.0455 | | | 0.0339 | −0.0067 | | |
| | (0.0586) | (0.0516) | | | (0.0272) | (0.0261) | | |
| 控制变量 | 是 | 是 | 是 | 是 | 是 | 是 | 是 | 是 |
| 城市固定效应 | 是 | 是 | 是 | 是 | 是 | 是 | 是 | 是 |
| 年度固定效应 | 是 | 是 | 是 | 是 | 是 | 是 | 是 | 是 |
| 样本量 | 3618 | 3618 | 3232 | 3232 | 3618 | 3618 | 1979 | 1979 |
| $R^2$ | 0.9400 | 0.9391 | 0.9408 | 0.9411 | 0.9400 | 0.9391 | 0.9278 | 0.9253 |

**第三节**

**影响机制识别**

上述章节已经验证专利质押能促进创新创业，在加快推进绿色金融和科技金融发展的背景下，绿色创新和环保创业可能更易受到专利质押融资的青睐。由于绿色创新和环保创业的潜在风险和试错成本过高，在此过程中面临着较为严峻的资金约束问题，而专利质押对于解决这一问题发挥着至关重要的作用，其不仅能引导商业银行通过债务融资为专利权人提供外部资金（Brown et al.，2013；Farre-Mensa et al.，2020），还能吸引风险资本通过股权融资为企业提供资金支持（Mann，2018；Hochberg et al.，2018）。因此，本章将采用以下模型进一步识别专利质押试点影响污染排放的作用机制：

$$mech_{ct} = \gamma_0 + \gamma_1 \, did_{ct} + \gamma \, control_{ct} + \mu_c + \lambda_t + \varepsilon_{ct} \qquad (7\text{-}3)$$

$$mech_{ct} = \delta_0 + \delta_1 \, ddd_{ct} + \delta_2 \, did_{ct} + \delta \, control_{ct} + \mu_c + \lambda_t + \varepsilon_{ct} \qquad (7\text{-}4)$$

其中，$mech_{ct}$表示机制变量，包括鼓励绿色创新和激励环保创业，其他变量含义同上。

## 一、绿色创新渠道检验

专利质押可以实现知识产权的市场价值，解决无形资产质押的难题，缓解资金短缺困难，这又能进一步鼓励绿色创新并减轻环境污染（Chen et al.，2006；Huang and Li，2017；Niu et al.，2023）。与传统的中性技术创新相比，绿色创新主要指绿色技术创新，是对减少环境污染、减少原材料或能源使用的技术、工艺或产品的总称。世界知识产权组织（WIPO）定义的绿色创新包括与环境有关的污染物处理和与气候变化有关的技术，并描述了所有相关技术的专利分类号。根据 WIPO 于 2010 年推出的《国际专利分类绿色清单》和《联合国气候变化框架公约》，绿色专利包括交通运输、废弃物管理、能源节约、替代能源生产、行政监管与设计、农林及核电等类别。

本章采用 WIPO 的标准识别绿色专利，并将识别的绿色专利加总至城市层面，使用城市层面绿色专利的对数（*innov_green*），作为激励绿色创新的机制变量。根据式（7-3）和式（7-4）进行回归分析，回归结果如表 7-5 第（1）列和第（2）列所示，结果显示：*did* 和 *ddd* 的系数分别在 10% 水平上显著为正和负，说明专利质押对绿色创新具有显著的促进作用，且在绿色专利率较低的城市作用更强，这一结果表明专利质押通过激励绿色技术创新，通过环境友好型创新实现减污降碳。

表 7-5　影响机制识别

| | 鼓励绿色创新 | | 激励环保创业 | |
|---|---|---|---|---|
| | （1） | （2） | （3） | （4） |
| | *innov_green* | *innov_green* | *entre_envir* | *entre_envir* |
| *ddd* | | -0.4164* | | -0.3224* |
| | | (0.2245) | | (0.1784) |
| *did* | 0.4113* | 0.1832** | 0.3171* | 0.2044 |
| | (0.2263) | (0.0892) | (0.1751) | (0.1541) |
| 控制变量 | 是 | 是 | 是 | 是 |
| 城市固定效应 | 是 | 是 | 是 | 是 |
| 年度固定效应 | 是 | 是 | 是 | 是 |
| 样本量 | 3742 | 3740 | 3713 | 3713 |
| $R^2$ | 0.9466 | 0.9466 | 0.9455 | 0.9457 |

## 二、环保创业渠道检验

专利质押可以将专利"知本"转化为创业"资本"，促进技术和资本要素的融合与发展，特别是推动环保创业实现绿色发展（Sharfman and Fernando，2008）。为引导企业积极履行保护环境的社会责任，中国政府对国家重点监管企业实行环境监测制度，按照《中华人民共和国上市公司环保核查行业分类管理名录》，认定污染行业包括火电、钢铁、水泥、电解铝、煤炭、冶金、化工、石化、建材、造纸、酿造、制药、发酵、纺织、制革和采矿业。本章采用创业企业总数减去污染创业企业数来构建环保创业企业数，并将其加总至城市层面，采用环保创业企业数的对数($entre\_envir$)，衡量该地区环保创业活跃度。

根据式(7-3)和式(7-4)进行回归分析，回归结果如表7-5中的第(3)列和第(4)列所示，结果显示：$did$ 和 $ddd$ 的系数分别在10%的水平上显著为正和负，表明专利质押可以促进环保创业，且在绿色专利率较低的城市作用更强，这意味着专利质押融资对环保创业存在正向激励作用，可以实现行业结构变迁朝向清洁化方向转变，从而为实现减污降碳提供了实证依据。上述实证回归结果验证了本书第三章的研究假说H8。

# 第四节
## 异质性分析

专利质押实现减污降碳效应离不开社会的广泛关注和环保部门的监管政策，因而其实现的减污降碳效应在各个城市可能存在一定异质性。本章进一步探讨在政府环境关注程度和公众环保搜索指数、污染信息透明度水平和绿色发展水平不同的地区中，专利质押融资试点对减污降碳的影响是否会存在差异。

## 一、环境关注度

专利质押融资试点可以促进绿色创新和环保创业，但其减排效果离不开政府和公众的关注，社会关注越多，环保效应越明显。当政府工作报告中使用"环境保护"等频率越高，公众通过百度浏览器搜索"环境污染"的频率越高，意味着政府和公众对环境污染的关注程度越高。本章根据不同年份城市政府环境关注程度的中位数，将所有样本分成高、低政府关注度的子样本；根据不同年份城市公众环保搜索指数的中位数，将所有样本分成高、低公众关注度的子样本。在此基础上，通过分组回归，考察社会关注在专利质押实现减污降碳过程中发挥的协同效应。

分组回归结果如表7-6的第(1)列~第(4)列和第(5)列~第(8)列所

示，可以看出：在政府关注程度和公众搜索指数较高的城市，专利质押融资试点政策在减污降碳方面发挥的作用更有效，特别是在绿色专利率较低的城市，基于 *bdiff* 检验显示两组间 *ddd* 系数组间差异显著。因此，政府和社会关注发挥的有效协同作用在实现专利质押的减排效应中至关重要。

表 7-6　异质性分析

| | 政府环境关注程度 | | | | 公众环保搜索指数 | | | |
|---|---|---|---|---|---|---|---|---|
| | $so_2$ | | $co_2$ | | $so_2$ | | $co_2$ | |
| | (1) | (2) | (3) | (4) | (5) | (6) | (7) | (8) |
| | 低 | 高 | 低 | 高 | 低 | 高 | 低 | 高 |
| *ddd* | 0.0310* | 0.0539* | 0.0375** | 0.0477* | 0.0600 | 0.1276*** | 0.0142 | 0.0898*** |
| | (0.0158) | (0.0276) | (0.0160) | (0.0261) | (0.0375) | (0.0258) | (0.0338) | (0.0287) |
| *difference* | $p$ 值=0.013 | | $p$ 值=0.026 | | $p$ 值=0.010 | | $p$ 值=0.012 | |
| *did* | −0.2224* | −0.3682** | −0.2509** | −0.3483** | −0.1454*** | −0.4147** | −0.2913 | −0.5888*** |
| | (0.1283) | (0.1657) | (0.1187) | (0.1640) | (0.1567) | (0.1950) | (0.2416) | (0.1764) |
| 控制变量 | 是 | 是 | 是 | 是 | 是 | 是 | 是 | 是 |
| 城市固定效应 | 是 | 是 | 是 | 是 | 是 | 是 | 是 | 是 |
| 年度固定效应 | 是 | 是 | 是 | 是 | 是 | 是 | 是 | 是 |
| 样本量 | 1743 | 1741 | 1743 | 1741 | 685 | 1272 | 685 | 1272 |
| $R^2$ | 0.9435 | 0.9502 | 0.9405 | 0.9507 | 0.9115 | 0.9211 | 0.9102 | 0.9035 |
| | 污染信息透明度水平 | | | | 绿色发展评价指标 | | | |
| | (9) | (10) | (11) | (12) | (13) | (14) | (15) | (16) |
| | 低 | 高 | 低 | 高 | 低 | 高 | 低 | 高 |
| *ddd* | 0.0054 | 0.0326 | −0.0183 | 0.0281 | −0.0026 | 0.0087 | 0.0087 | 0.0214 |
| | (0.0176) | (0.0694) | (0.0196) | (0.0661) | (0.0295) | (0.0558) | (0.0310) | (0.0646) |
| *difference* | $p$ 值=0.017 | | $p$ 值=0.030 | | $p$ 值=0.041 | | $p$ 值=0.027 | |
| *did* | −0.0665 | −0.2097* | −0.0834 | −0.2341 | 0.1634 | −0.1642 | −0.0265 | −0.3205 |
| | (0.5073) | (0.1199) | (0.4809) | (0.1517) | (0.2609) | (0.2099) | (0.2724) | (0.2784) |
| 控制变量 | 是 | 是 | 是 | 是 | 是 | 是 | 是 | 是 |
| 城市固定效应 | 是 | 是 | 是 | 是 | 是 | 是 | 是 | 是 |

续表

| | 污染信息透明度水平 | | | | 绿色发展评价指标 | | | |
|---|---|---|---|---|---|---|---|---|
| | (9) | (10) | (11) | (12) | (13) | (14) | (15) | (16) |
| | 低 | 高 | 低 | 高 | 低 | 高 | 低 | 高 |
| 年度固定效应 | 是 | 是 | 是 | 是 | 是 | 是 | 是 | 是 |
| 样本量 | 549 | 602 | 549 | 602 | 1115 | 863 | 1115 | 863 |
| $R^2$ | 0.9038 | 0.9213 | 0.8979 | 0.8985 | 0.9241 | 0.9261 | 0.9238 | 0.9075 |

## 二、污染信息透明度

相关政府部门的环保监管也会影响绿色创业，这对于专利质押发挥减污降碳效果存在显著影响。中国环保组织"公众环境研究中心"（IPE）与国际环保组织"自然资源保护协会"（NRDC）发布的城市污染源监管信息公开指数，是针对环保部门在城市污染源监管、污染物处理和信息公开状况等内容的评价系统。本章采用城市污染源监管信息公开指数代表污染信息透明度，根据不同年份污染信息透明中位数，将样本分成高、低污染信息透明度两组子样本，进行分组回归，分析政府部门环境监管政策所发挥的协同效应。回归结果如表 7-6 的第（9）列至第（12）列所示，可以看出：在高污染信息透明度地区，相关政府部门对减污降碳和环境保护的监管越严格，专利质押融资试点政策在减污降碳，改善空气质量方面发挥的作用越有效，特别是绿色专利率较低的城市，基于 *bdiff* 检验显示两组间 *ddd* 系数组间差异显著，表明政府部门的环境监管政策对专利质押发挥减污降碳效应有显著影响。

## 三、绿色发展水平

地区绿色发展水平也会影响专利质押的减污降碳效应。《中国绿色发展指数报告》中的绿色发展评价指标，是一个包含经济增长绿化程度指标、资源环境承载潜力指标和政府相关政策支持指标的综合评价体系。本章根据不同年份绿色发展评价指标的中位数，将所有样本分成高、低绿色发展水平两组子样本，分析地区绿色发展水平发挥的约束作用。回归结果如表 7-6 的第（13）列至第（18）列所示，可以看出：在绿色发展评价指标越高的地区，相关部门对减污降碳和环境保护的监管越严格，专利质押试点政策在减污降碳和促进环保方面的作用越有效，特别是绿色专利率较低的城市，基于 $bdiff$ 检验显示两组间 $ddd$ 系数组间差异显著，表明地区的绿色发展水平将影响专利质押融资的减污降碳效应强弱。

# 第五节
# 本章小结

本章聚焦于专利质押融资试点政策对减污降碳的影响。基于专利质押试点政策提供的自然实验，本章利用 2005～2019 年中国城市二氧化硫和二氧化碳排放数据，采用交叠 DID 模型和广义 DID 模型研究专利质押政策对环境污染的影响。研究结果表明，专利质押试点政策能显著降低二氧化硫和二氧化碳的排放量，特别是在绿色专利率较低的城市；在进行平行趋势检验、安慰剂检验、异质性处理效应、替换工业氮氧化物排放和 PM2.5 颗粒作为被解释变量、排除其他政策干扰等稳健性处理后，基准结果仍是稳健的。机制识别发现，专利质押可通过促进绿色创新和激励环保创业双重机制以实现减污降碳效果。此外，异质性分析表明，在政府环境关注程度和公众环保搜索指数、污染信息透明水平和绿色发展评价指标较高的城市，专利质押融资的减污降碳效应更显著。

本章研究结论对于完善专利质押试点政策，鼓励绿色创新并激发环保创业，促进经济高质量发展和环境可持续发展，具有重要的政策内涵：第一，推动绿色金融和科技金融融合发展。以注重绿色创新和环保创业为要求，金融机构可设计适应绿色低碳发展需要的新型金融工具；同时，地方政府应探索符合不同地区低碳发展要求的，规范、便捷和高效的专利质押等相关政策，促进财政政策与环保政策的结合。第二，以金融创新推动绿色创新和环保创业。鼓励商业银行、风险投资、资产评估等金融机构为绿色创新和环保创业提供有利的金融支持，这不仅可以通过扩大专利质押的范围和规模，加强对绿色专利质押的关注，还可以使技术进步成为管理减少污染和降低排放的催化剂。第三，发挥公众和政府对环境保护的协同治理作用。利用社会关注和部门监管的协同效应，可以充分实现专利质押试点政策的减污降碳效果，为提高生态环境质量、实现可持续发展奠定坚实基础，这既要努力增强政府和公众对绿色环保的关注程度，也要提高环境保护相关信息透明度，实现绿色低碳发展。

当然，本章的研究内容也存在一定的局限性，这也是后续研究的改进方向：首先，由于宏观统计数据的可获得性，本章仅使用二氧化硫排放、二氧化碳排放、工业氮氧化物排放和 PM2.5 颗粒的年度数据来代表空气污染状况，未来研究可以使用更多的自有数据和日或月度的环境污染监测数据来探索专利质押的减排效果。其次，本章在考察专利质押对大气污染和碳排放的影响及其潜在机制时，仅考虑了鼓励绿色创新和激励环保创业两类机制，但除此之外，可能还有其他机制发生作用，因此后续研究仍可进一步探索可能的影响机制。最后，考虑到环境系统的非线性特征，本章使用 DID 模型这种线性方法评估专利质押的政策效应，可能会过度简化其复杂的作用渠道，未来也可采用非线性方法补充上述研究，能更深入地了解专利质押在实现减污降碳过程中各方面指标的动态，以便对其所涉及的各项指标进行更全面系统的分析。

# 第八章

# 基本结论与研究展望

# 第一节
## 基本结论

以科技型初创企业在创新创业过程中面临的融资困境为切入点，本书将创新链上"基础研究→应用创新→创新产业化"的转化过程贯穿研究的逻辑主线，从理论机制、典型事实再到实证检验，系统研究专利质押对创新创业的影响。

本书结合信息不对称理论、搜寻摩擦理论与优序融资理论，系统分析专利质押影响创新创业的理论机制，并从创新链视角探析专利质押对创新成果转化形成的成本和收益效应，再立足"双碳"目标，讨论专利质押对环境污染治理形成的外部效应。以上述理论分析为基础，本书进行了系统深入的统计分析和实证检验：首先，本书构建中国地级市层面的企业专利质押和创新绩效面板数据，采用双向固定效应模型和工具变量法，实证检验专利质押对企业技术创新的影响机制和约束条件。其次，本书利用中国所有新建企业注册信息，构建城市—行业—年度层面的创业活跃度数据，采用多期双重差分模型和广义双重差分模型，系统评估专利质押融资试点政策对创业活跃度的影响。再次，本书面向创新链和产业链深度融合的新需求，以科技创业识别从应用创新到产业化的创新成果转化，以高校的期刊论文和自科项目数量表征基础研究，深入讨论专利质押对创新转化的激励作用，以及对基础研究的挤出效应，系统评估专利质押在促进创新成果转化过程中的成本和收益。最后，面向可持续发展目标，研究专利质押对环境污染治理的溢出效应，分析其通过促进绿色创新和环保创业，推动减污降碳效应的机制。

按照上述研究思路，本书得到如下研究结论：

第一，专利质押融资能显著促进企业技术创新，其对非上市公司技术创新存在显著的正向影响，但对上市公司的影响并不显著。在以知识产权质押融资试点政策为工具变量采用两阶段最小二乘法缓解内生性问题后结论依然稳健。影响机制检验显示专利质押主要通过两类机制促进企业技术创新：一方面，专利质押融资可发挥专利的担保价值，化解信用风险，缓解企业融资约束继而促进技术创新；另一方面，专利质押既能向外部投资机构传递企业有良好创新行为的信号，吸引风险资本的关注和投资，也可将高质量专利更易于质押的信号传递给企业，激励其从事高质量创新，通过双向信号机制促进技术创新活动。异质性检验发现，专利质押驱动技术创新离不开专利交易和知识产权保护发挥协同作用效应，在专利市场可交易性和知识产权保护力度更强的条件下，专利的知识价值和担保价值更能得到有效保障，专利质押对技术创新的促进作用更为明显。

第二，专利质押融资试点能显著提高创业活跃度，且对初期专利质押率较低行业的作用更强，在采用工具变量法，剔除部分特殊样本，筛选先质押后创业样本、在位企业技术人员创业样本解决内生性问题，并进行平行趋势检验、安慰剂检验和考虑处理效应异质性等稳健性检验后，结论仍然成立。机制检验发现，专利质押试点主要通过化解资金短缺困境和分担创业风险双重机制，推动创业活跃度提升。异质性检验显示，专利质押融资试点的创业效应对于民营企业、高技术产业和制造业具有明显的靶向特征；在技术交易市场、知识产权保护、中介代理服务和风险补偿基金发展更完善的地区，试点政策对创业活跃度的正向影响更显著。因此，专利质押试点形成的创业效应能进一步驱动创新数量和质量提升。

第三，专利质押融资试点对创新转化存在两方面影响：一方面，专利质押融资试点对当地科技创业存在正向影响，且这种正向影响在初始专利抵押率较低的行业中更为明显。上述结果在一系列稳健性检验后，依然稳健可靠，说明专利质押融资试点能通过促进科技创业，激励创新成果转化。另一方面，专利质押融资试点也挤出了当地大学基础研究，而且这种挤出效应仅出现在初始专利抵押率较低的学科中。专利质押融资试点将使大学的应用创新显著增加，特别是对于初始专利抵押率较低的学科，侧面验证该项试点政策对基础研究的挤出效应。上述研究结果说明专利质押融资试点能通过挤出基础研究，抑制创新成果转化。创新成果转化成本收益分析表明，专利质押融资试点政策的收益远远超过其成本，因为专利质押试点的政策效应，只有初始专利抵押率较低的主体承担成本。而促进在职科研人员创业和分担科技创业风险是专利质押试点促进科技创业和挤出基础研究的两种可能机制。

第四，专利质押试点政策能显著降低二氧化硫和二氧化碳的排放量，特别是在绿色专利率较低的城市。在进行平行趋势检验、安慰剂检验、异质性处理效应、替换工业氮氧化物排放和 PM2.5 颗粒作为被解释变量、排除其他政策干扰等稳健性处理后，基准结果仍是稳健的。机制识别发现，专利质押可通过促进绿色创新和激励环保创业双重机制以实现减污降碳效果。异质性分析表明，在政府环境关注程度和公众环保搜索指数、污染信息透明水平和绿色发展评价指标较高的城市，专利质押融资的减污降碳效应更显著。

本书的研究结论不仅有助于完善创新创业的金融支持制度，丰富促进技术转移转化的融资模式，系统优化专利质押融资体系，打通金融机构服务链条堵点；也能够为中小创新型企业更好地利用知识产权的担保价值，支持中小企业朝向"专精特新"方向发展，为创新策源地提供政策参考。

# 第二节
# 研究展望

作为资本与技术要素融合的重要形式，专利质押融资能将"知产"变现为"资产"，在推动技术转移转化过程中发挥着重要的资金支持作用。国家知识产权局自 2008 年起先后分 5 批公布开展专利质押融资试点工作的地区，以提高专利质押融资的可操作性。2008~2020 年质押融资金额从 13.8 亿元增长至 1558 亿元，年均增长率近 50%。2023 年我国专利商标质押融资的总金额达 8539.9 亿元，同比增长 75.4%，专利质押融资规模呈高速增长趋势。但专利质押融资在推动技术转移转化过程中仍存在诸多障碍。后续研究有必要针对这些问题，进行更加深入的分析，以便系统优化专利质押融资体系，建立健全其配套的支持政策，助推科技型中小企业更好地利用知识产权的担保价值。

一是针对专利质押融资的财政贴息机制不够合理。针对专利质押融资，地方政府和高新区一般将按照贷款金额或贷款利息的一定比例，向贷款企业提供贴息补助，使企业享受低于贷款市场报价利率的融资成本。尽管专利质押的初衷是解决中小企业在技术转化过程中的资金短缺问题，疏通因资金约束造成的转化堵点，但财政贴息也形成了新的专利转化堵点，加剧银行信贷风险。部分中小企业申请专利的目的并非保护技术，只是为了获得低息贷款。这些专利既不是为了产品化商业化而申请，也不具备转移转化的潜力，容易形成低质量的专利申请泡沫，从根本上损害了实现创新转化的基础和潜力；由于政府规定了申请贴息的企业资质和条件，容易造成"空壳公司"骗补形成创业泡沫，还滋生了提供"假证件""假材料"的助贷中介公司，以资质造假产业链骗取银行贷款和政府贴息。专利质押融资是否会加剧"创业泡沫"现象仍有待考察，如何优化信息甄别方案和机制，识别"空壳公司"，使专利质押更具靶向性地支持科技创新企业尚待探索。

二是专利质押融资难题尚待解决。专利质押融资的事前估值难和事后清算难尚未解决，如专利质押贷款前的专利评估虽然聘请专业的评估机构完成，但这些机构既是评估机构也是专利申请代理机构。为了获得专利代理服务的客户资源，专利中介机构出具估值过高的评估报告，使专利估值偏离实际市场价值；企业质押低质量专利，通过"高评高贷"获得高额的专利质押融资金额，加剧了银行信贷风险，当企业无法偿还贷款时，银行通过变现专利质押物收回的资金有限，可能会承担巨大的贷款损失。

针对知识产权质押融资的事前估值难题：首先，商业银行如何通过内部评估模式，以知识产权大数据为基础，应用智能化模型评估专利等知识产权的商业价值，结合创新积分贷信贷模型，多维度分析企业发展潜力，精准评估企业授信额度尚待探索。其次，商业银行是否可会同当地知识产权交易中心和技术转移转化中心，进行合理的市场化评估尚待考察。最后，商业银行可否适度提高质押比例，将专利资产与其他固定资产打包进行抵质押，这一做法的实际效果有待考察。对于知识产权质押融资的处置难题：其一，技术交易市场是否能够培育专利资产处置清算的固定渠道尚待研究。其二，政府设立的专项风险补偿基金，能否丰富风险补偿渠道尚待考察。其三，是否可以通过建立专利质押信息平台，完善专利状态预警信息机制，有效利用和结合单列信贷计划、不良率考核等政策，完善事后知识产权质押物处置机制，全流程管理风险，推动科技创新成果的有效转化。

三是专利质押衍生的证券化产品市场化程度偏低。为拓宽创新企业的融资渠道，降低技术转化的资金成本，各地区积极推进知识产权金融创新，探索形式多样的知识产权证券化方案，推动知识产权证券化产品上市发行。与知识产权质押融资相比，知识产权证券化以知识产权或衍生债权的预期现金流为基础，通过在市场公开发行标准化证券进行融资，能使中小微创新企业"抱团"融资，具有资金来源更广、融资成本更低、融资期限更长和资金用途更灵活等优势。然而，作为一项知识产权金融产品，知识产权证券化产品不仅存在估值难题，其作为资产证券化产品还面临基础资产未来产生的现金流难以估计的问题。由于知识产权固有的不稳定性，难以预测未来现金流的回流情况。若底层贷款出现无力偿还或早偿，或市场利率发生变化等现象都会加剧产品本身的信用风险、流动性风险等。为了使基础资产的信用级别满足投资人的需求，需要通过信用升级，保障知识产权证券化产品现金流的稳定性。但选择合适的信用增级机构较难，由于大部分知识产权证券化产品需要信用等级高的担保机构作保，符合条件的担保机构有限，且这类机构涉及知识产权业务较少，因此很难在有限的选择中寻找到合适的担保机构为产品发行进行担保和增信。市场上绝大部分的知识产权证券化产品都是地方国有企业进行增信担保，原始权益人也是地方国有企业，利用国资进行风险兜底。在知识产权证券化市场中地方政府的介入太深，企业自主参与的热情不高，可能致使中小企业在实现技术转移转化缺乏持续性的融资支持，导致知识产权类产品在整个资产证券化产品市场中占比较低。能否通过市场化的产品设计创新、优化市场制度环境，提高知识产权证券化业务发展的可持续性仍有待后续研究。

# 参考文献

[1] Aboody D, Lev B. Information asymmetry, R&D, and insider gains [J]. The Journal of Finance, 2000, 55(6): 2747-2766.

[2] Acemoglu D, Aghion P, Bursztyn L, et al. The environment and directed technical change[J]. American Economic Review, 2012, 102(1): 131-166.

[3] Acharya V V, Subramanian K V. Bankruptcy codes and innovation[J]. The Review of Financial Studies, 2009, 22(12): 4949-4988.

[4] Adhikari K B, Agrawal A. Religion, gambling attitudes and corporate innovation[J]. Journal of Corporate Finance, 2016, 37: 229-248.

[5] Aghion P, Fally T, Scarpetta S. Credit constraints as a barrier to the entry and post-entry growth of firms[J]. Economic Policy, 2007, 22(52): 732-779.

[6] Aghion P, Howitt P. A model of growth through creative destruction [J]. Econometrica, 1992, 60(2): 323-351.

[7] Aghion P, Van Reenen J, Zingales L. Innovation and institutional ownership[J]. American Economic Review, 2013, 103(1): 277-304.

[8] Agrawal A, Goldfarb A. Restructuring research: Communication costs and the democratization of university innovation[J]. The American Economic Review, 2008, 98(4): 1578-1590.

[9] Akcigit U, Celik M A, Greenwood J. Buy, keep, or sell: Economic growth and the market for ideas[J]. Econometrica, 2016, 84(3): 943-984.

[10] Akcigit U, Hanley D, Serrano-Velarde N. Back to basics: Basic research spillovers, innovation policy, and growth[J]. The Review of Economic Studies, 2021, 88(1): 1-43.

[11] Alfaro L, Chari A. Deregulation, misallocation, and size: Evidence from India[J]. The Journal of Law and Economics, 2014, 57(4): 897-936.

［12］ Allen F, Qian J, Qian M. Law, finance, and economic growth in China［J］. Journal of Financial Economics, 2005, 77(1): 57−116.

［13］ Altman E I. Financial ratios, discriminant analysis and the prediction of corporate bankruptcy［J］. The Journal of Finance, 1968, 23(4): 589−609.

［14］ Amable B, Chatelain J B, Ralf K. Patents as collateral［J］. Journal of Economic Dynamics and Control, 2010, 34(6): 1092−1104.

［15］ Arora A, Belenzon S, Sheer L. Knowledge spillovers and corporate investment in scientific research［J］. American Economic Review, 2021, 111 (3): 871−898.

［16］ Arrow K J. Economic welfare and the allocation of resources for invention［M］. London: Macmillan Education, 1972.

［17］ Arundel A, Athreye S, Wunsch−Vincent S. Harnessing public research for innovation in the 21st century: An international assessment of knowledge transfer policies［M］. Cambridge: Cambridge University Press, 2021.

［18］ Audretsch B D, Link N A, Scott T J. Public/private technology partnerships: Evaluating SBIR−supported research［J］. Research Policy, 2002, 31(1): 145−158.

［19］ Babina T, He A X, Howell S T, et al. Cutting the innovation engine: How federal funding shocks affect university patenting, entrepreneurship, and publications［J］. The Quarterly Journal of Economics, 2023, 138(2): 895−954.

［20］ Balconi M, Brusoni S, Orsenigo L. In defence of the linear model: An essay［J］. Research Policy, 2010, 39(1): 1−13.

［21］ Balli H O, Sørensen B E. Interaction effects in econometrics［J］. Empirical Economics, 2013, 45(1): 583−603.

［22］ Barrage L. Optimal dynamic carbon taxes in a climate−economy model with distortionary fiscal policy［J］. The Review of Economic Studies, 2020, 87 (1): 1−39.

［23］ Barrios J M. Staggeringly problematic: A primer on staggered DiD for accounting researchers［J］. SSRN Electronic Journal, 2021.

［24］ Benmelech E, Bergman N K. Collateral pricing［J］. Journal of Financial Economics, 2009, 91(3): 339−360.

［25］ Benmelech E, Bergman N K. Liquidation values and the credibility of financial contract renegotiation：Evidence from US airlines［J］. The Quarterly Journal of Economics, 2008, 123(4)：1635-1677.

［26］ Bennett B, Stulz R, Wang Z. Does the stock market make firms more productive? ［J］. Journal of Financial Economics, 2020, 136(2)：281-306.

［27］ Berrang-Ford L, Ford J D, Paterson J. Are we adapting to climate change? ［J］. Global Environmental Change, 2011, 21(1)：25-33.

［28］ Bhattacharya S, Ritter J R. Innovation and communication：Signalling with partial disclosure［J］. The Review of Economic Studies, 1983, 50(2)：331-346.

［29］ Bloom N, Schankerman M, Reenen V J. Identifying technology spillovers and product market rivalry［J］. Econometrica, 2013, 81(4)：1347-1393.

［30］ Borusyak K, Jaravel X, Spiess J. Revisiting event study designs：Robust and efficient estimation［J］. The Review of Economic Studies, 2024, 91(6)：3253-3285.

［31］ Brander J A, Du Q, Hellmann T. The effects of government-sponsored venture capital：International evidence［J］. Review of Finance, 2015, 19(2)：571-618.

［32］ Brandt L, Van Biesebroeck J, Wang L, et al. WTO accession and performance of Chinese manufacturing firms［J］. American Economic Review, 2017, 107(9)：2784-2820.

［33］ Brown J R, Fazzari S M, Petersen B C. Financing innovation and growth：Cash flow, external equity, and the 1990s R&D boom［J］. The Journal of Finance, 2009, 64(1)：151-185.

［34］ Brown J R, Martinsson G, Petersen B C. Law, stock markets, and innovation［J］. The Journal of Finance, 2013, 68(4)：1517-1549.

［35］ Cai X, Lu Y, Wu M, et al. Does environmental regulation drive away inbound foreign direct investment? Evidence from a quasi-natural experiment in China［J］. Journal of Development Economics, 2016, 123：73-85.

［36］ Callaway B, Sant'Anna P H C. Difference-in-differences with multiple time periods［J］. Journal of Econometrics, 2021, 225(2)：200-230.

［37］Cengiz D, Dube A, Lindner A, et al. The effect of minimum wages on low-wage jobs［J］. The Quarterly Journal of Economics, 2019, 134(3): 1405-1454.

［38］Chava S, Nanda V, Xiao S C. Lending to innovative firms［J］. The Review of Corporate Finance Studies, 2017, 6(2): 234-289.

［39］Chen Y, Lai S, Wen C. The influence of green innovation performance on corporate advantage in Taiwan［J］. Journal of Business Ethics, 2006, 67(4): 331-339.

［40］Chen Z, Deng M, Fang M. Financing innovation with innovation ［R］. University of Toronto, Department of Economics, 2023.

［41］Chen Z, Poncet S, Xiong R. Local financial development and constraints on domestic private-firm exports: Evidence from city commercial banks in China［J］. Journal of Comparative Economics, 2020, 48(1): 56-75.

［42］Chiu J, Meh C, Wright R. Innovation and growth with financial, and other, frictions［J］. International Economic Review, 2017, 58(1): 95-125.

［43］Clarke D, Tapia-Schythe K. Implementing the panel event study［J］. The Stata Journal, 2021, 21(4): 853-884.

［44］Cohn J B, Liu Z, Wardlaw M I. Count(and count-like)data in finance［J］. Journal of Financial Economics, 2022, 146(2): 529-551.

［45］Cull R, Xu L C, Zhu T. Formal finance and trade credit during China's transition［J］. Journal of Financial Intermediation, 2009, 18(2): 173-192.

［46］Czarnitzki D, Toole A A. Is there a trade-off between academic research and faculty entrepreneurship? Evidence from US NIH supported biomedical researchers［J］. Economics of Innovation and New Technology, 2010, 19(5): 505-520.

［47］Da Rin M, Hellmann T, Puri M. A survey of venture capital research ［J］. Handbook of the Economics of Finance. Elsevier, 2013, 2: 573-648.

［48］Daron A, Philippe A, Leonardo B, et al. The environment and directed technical change［J］. The American Economic Review, 2012, 102(1): 131-166.

［49］ Das R C, Chatterjee T, Ivaldi E. Co-movements of income and urbanization through energy use and pollution: An investigation for world's leading polluting countries［J］. Ecological Indicators, 2023, 153: 110381.

［50］ David A P, Hall H B, Toole A A. Is public RD a complement or substitute for private RD? A review of the econometric evidence［J］. Research Policy, 2000, 29(4): 497-529.

［51］ De Chaisemartin C, d'Haultfoeuille X. Difference-in-differences estimators of intertemporal treatment effects［J］. Review of Economics and Statistics, 2024: 1-45.

［52］ De Meza D, Webb D C. Too much investment: A problem of asymmetric information［J］. The Quarterly Journal of Economics, 1987, 102(2): 281-292.

［53］ De Rassenfosse G, Palangkaraya A. Do patent pledges accelerate innovation［J］. Research Policy, 2023, 52(5): 104745.

［54］ Denes M, Howell S T, Mezzanotti F, et al. Investor tax credits and entrepreneurship: Evidence from us states［J］. The Journal of Finance, 2023, 78(5): 2621-2671.

［55］ Denis D J. Entrepreneurial finance: An overview of the issues and evidence［J］. Journal of Corporate Finance, 2004, 10(2): 301-326.

［56］ Diestre L, Lumineau F, Durand R. Litigate or let it go? Multi-market contact and IP infringement-litigation dynamics［J］. Research Policy, 2023, 52(6): 104784.

［57］ Dow J, Gorton G. Stock market efficiency and economic efficiency: Is there a connection? ［J］. The Journal of Finance, 1997, 52(3): 1087-1129.

［58］ Dreher A, Gassebner M. Greasing the wheels? The impact of regulations and corruption on firm entry［J］. Public Choice, 2013, 155(3): 413-432.

［59］ Edmans A, Jayaraman S, Schneemeier J. The source of information in prices and investment-price sensitivity［J］. Journal of Financial Economics, 2017, 126(1): 74-96.

［60］ Enrico M. The effect of high-tech clusters on the productivity of top inventors ［J］. American Economic Review, 2021, 111(10): 3328-3375.

[61] Fang L H, Lerner J, Wu C. Intellectual property rights protection, ownership, and innovation: Evidence from China[J]. The Review of Financial Studies, 2017, 30(7): 2446-2477.

[62] Farre-Mensa J, Hegde D, Ljungqvist A. What is a patent worth? Evidence from the US patent "lottery" [J]. The Journal of Finance, 2020, 75 (2): 639-682.

[63] Feng Q, Teo T S H, Sun T. Effects of official and unofficial environmental regulations on environmental quality: Evidence from the Yangtze River Economic Belt, China[J]. Environmental Research, 2023, 226: 115667.

[64] Fischer T, Ringler P. What patents are used as collateral? —An empirical analysis of patent reassignment data[J]. Journal of Business Venturing, 2014, 29(5): 633-650.

[65] Fong P S W, Chang X, Chen Q. Faculty patent assignment in the Chinese mainland: Evidence from the top 35 patent application universities[J]. Journal of Technology Transfer, 2018, 43(1): 1-27.

[66] Freeman C. The determinants of innovation: Market demand, technology, and the response to social problems[J]. Futures, 1979, 11(3): 206-215.

[67] Friedrich H. The use of knowledge in society[J]. American Economic Review, 1945, 35(4): 519-530.

[68] Gambardella A. Private and social functions of patents: Innovation, markets, and new firms[J]. Research Policy, 2023, 52(7): 104806.

[69] Gavazza A. The role of trading frictions in real asset markets[J]. American Economic Review, 2011, 101(4): 1106-1143.

[70] Gaétan R D, Alfons P. Do patent pledges accelerate innovation? [J]. Research Policy, 2023, 52(5): 104745.

[71] Gertner J. The idea factory: Bell labs and the great age of American innovation[M]. London: Penguin Books, 2013.

[72] Glaeser E L, Kerr W R, Ponzetto G A M. Clusters of entrepreneurships[J]. Journal of Urban Economics, 2010, 67(1): 150-168.

[73] Gofman M, Jin Z. Artificial intelligence, education, and entrepreneurship[J]. The Journal of Finance, 2024, 79(1): 631-667.

［74］ Goldstein I, Guembel A. Manipulation and the allocational role of prices［J］. The Review of Economic Studies, 2008, 75(1): 133-164.

［75］ Gompers P, Kovner A, Lerner J. Specialization and success: Evidence from venture capital［J］. Journal of Economics & Management Strategy, 2009, 18(3): 817-844.

［76］ Hall B H, Jaffe A B, Trajtenberg M. The NBER patent citation data file: Lessons, insights and methodological tools ［R］. NBER Working Papers, 2001.

［77］ Hall B H. The financing of research and development［J］. Oxford review of economic policy, 2002, 18(1): 35-51.

［78］ Haltiwanger J, Jarmin R S, Miranda J. Who creates jobs? Small versus large versus young［J］. Review of Economics and Statistics, 2013, 95(2): 347-361.

［79］ Han P, Liu C, Tian X. Does trading spur specialization? evidence from patenting［R］. Evidence from Patenting, China Financial Research Conference, 2021.

［80］ Hansen M T, Birkinshaw J. The innovation value chain［J］. Harvard Business Review, 2007, 85(6): 121-30+142.

［81］ Hayek F A. The use of knowledge in society［J］. The American Economic Review, 1945, 35(4): 519-530.

［82］ Hellmann T, Puri M. Venture capital and the professionalization of start-up firms: Empirical evidence［J］. The Journal of Finance, 2002, 57(1): 169-197.

［83］ Henderson R, Jaffe A B, Trajtenberg M. Universities as a source of commercial technology: A detailed analysis of university patenting, 1965-1988［J］. Review of Economics and Statistics, 1998, 80(1): 119-127.

［84］ Hochberg Y V, Serrano C J, Ziedonis R H. Patent collateral, investor commitment, and the market for venture lending［J］. Journal of Financial Economics, 2018, 130(1): 74-94.

［85］ Holmstrom B, Tirole J. Financial intermediation, loanable funds, and the real sector［J］. The Quarterly Journal of Economics, 1997, 112(3):

663−691.

［86］ Holmstrom B. Agency costs and innovation［J］. Journal of Economic Behavior & Organization, 1989, 12(3)：305−327.

［87］ Hottenrott H, Hall B H, Czarnitzki D. Patents as quality signals? The implications for financing constraints on R&D［J］. Economics of Innovation and New Technology, 2016, 25(3)：197−217.

［88］ Howell T S. Financing innovation：Evidence from R&D grants［J］. American Economic Review, 2017, 107(4)：1136−1164.

［89］ Hsu D H. What do entrepreneurs pay for venture capital affiliation? ［J］. The Journal of Finance, 2004, 59(4)：1805−1844.

［90］ Hu A G Z, Zhang P, Zhao L. China as number one? Evidence from China's most recent patenting surge［J］. Journal of Development Economics, 2017, 124：107−119.

［91］ Huang J, Li Y. Green innovation and performance：The view of organizational capability and social reciprocity［J］. Journal of Business Ethics, 2017, 145(2)：309−324.

［92］ Huang W C, Lai C C, Chen P H. International R&D funding and patent collateral in an R&D−based growth model［J］. International Review of Economics & Finance, 2017, 51：545−561.

［93］ Jaffe A B, Trajtenberg M, Henderson R. Geographic localization of knowledge spillovers as evidenced by patent citations［J］. The Quarterly Journal of Economics, 1993, 108(3)：577−598.

［94］ Jaffe A B. Real effects of academic research［J］. The American Economic Review, 1989, 75(5)：957−970.

［95］ Kang Y, Liu R. Does the merger of universities promote their scientific research performance? Evidence from China［J］. Research Policy, 2021, 50(1)：104098.

［96］ Kerr W R, Nanda R. Financing innovation［J］. Annual Review of Financial Economics, 2015, 7：445−462.

［97］ Kong L. Government spending and corporate innovation［J］. Management Science, 2020, 66(4)：1584−1604.

［98］ Lanoie P，Patry M，Lajeunesse R. Environmental regulation，and productivity：Testing the orter hypothesis［J］. Journal of Productivity Analysis，2008，30：121-128.

［99］ Lee S Y. The sustainability of university-industry research collaboration：An empirical assessment［J］. The Journal of Technology Transfer，2000，25(2)：111-133.

［100］ Lerner J. Patenting in the shadow of competitors［J］. The Journal of Law and Economics，1995，38(2)：463-495.

［101］ Lerner J. The government as venture capitalist：The long-run impact of the SBIR program［J］. The Journal of Private Equity，2000，3(2)：55-78.

［102］ Lin J，Lu S，He X，et al. Analyzing the impact of three-dimensional building structure on $CO_2$ emissions based on random forest regression［J］. Energy，2021，236：121502.

［103］ Lin S，Cai S，Sun J，et al. Influencing mechanism and achievement of manufacturing transformation and upgrading：Empirical analysis based on PLS-SEM model［J］. Journal of Manufacturing Technology Management，2018，30(1)：213-232.

［104］ Lin W，Sun J，Liu B，et al. Does the availability of credit resources reduce corporate pollution emissions？Evidence from the geographic network of banks in China［J］. Applied Economics，2023，56(42)：1-15.

［105］ Link A N. Basic research and productivity increase in manufacturing：Additional evidence［J］. American Economic Review，1981，71(5)：1111-1112.

［106］ Liu B，Tian X. Do venture capital investors learn from public markets？［J］. Management Science，2022，68(10)：7274-7297.

［107］ Liu L，Chen M，Wang H，et al. How does the Chinese pilot policy on information consumption affect carbon emissions？［J］. Sustainable Production and Consumption，2023，41：88-106.

［108］ Ljungqvist A，Richardson M P. The cash flow，return and risk characteristics of private equity［R］. NBER Working Papers，2003.

［109］ Ljungqvist A，Richardson M. The investment behavior of private equity fund managers［R］. Working Paper, 2003.

［110］ Long C. Patent signals［J］. The University of Chicago Law Review, 2002: 625-679.

［111］ Loumioti M. The use of intangible assets as loan collateral［R］. Available at SSRN 1748675, 2012.

［112］ Lucas Jr R E. On the mechanics of economic development［J］. Journal of Monetary Economics, 1988, 22(1): 3-42.

［113］ Mann W. Creditor rights and innovation: Evidence from patent collateral［J］. Journal of Financial Economics, 2018, 130(1): 25-47.

［114］ Manova K, Wei S, Zhang Z. Firm exports and multinational activity under credit constraints［J］. Review of Economics and Statistics, 2015, 97(3): 574-588.

［115］ Mansfield E. Basic research and productivity increase in manufacturing［J］. The American Economic Review, 1980, 70(5): 863-873.

［116］ Martínez-Ros E, Kunapatarawong R. Green innovation and knowledge: The role of size［J］. Business Strategy and the Environment, 2019, 28(6): 1045-1059.

［117］ Marx M, Hsu D H. Revisiting the entrepreneurial commercialization of academic science: Evidence from "twin" discoveries［J］. Management Science, 2022, 68(2): 1330-1352.

［118］ Matray A. The local innovation spillovers of listed firms［J］. Journal of Financial Economics, 2021, 141(2): 395-412.

［119］ Matt W. Linking carbon markets with different initial conditions［J］. Journal of Environmental Economics and Management, 2023, 119(8): 102820.

［120］ Michael F, Michael W. Is innovation (increasingly) concentrated in large cities? An international comparison［J］. Research Policy, 2021, 50(6): 104237.

［121］ Moser P, Voena A. Compulsory licensing: Evidence from the trading with the enemy act［J］. The American Economic Review, 2012, 102(1): 396-427.

［122］ Moshirian F, Tian X, Zhang B, et al. Stock market liberalization and innovation［J］. Journal of Financial Economics, 2021, 139(3): 985-1014.

［123］ Myers S C, Majluf N S. Corporate financing and investment decisions when firms have information that investors do not have［J］. Journal of Financial economics, 1984, 13(2)：187-221.

［124］ Nanda R, Rhodes-Kropf M. Regional variation in venture capital：Causes and consequences［R］. Moving to the Innovation Frontier, London, Centre for Economic Policy Research, 2016：55-72.

［125］ Narin F, Hamilton K S, Olivastro D. The increasing linkage between US technology and public science［J］. Research Policy, 1997, 26(3)：317-330.

［126］ Nelson R R. The simple economics of basic scientific research［J］. Journal of Political Economy, 1959, 67(3)：297-306.

［127］ Nelson R. National innovation systems：A comparative analysis［M］. Oxford：Oxford University Press, 1993.

［128］ Niu S, Zhang J, Luo R, et al. How does climate policy uncertainty affect green technology innovation at the corporate level? New evidence from China［J］. Environmental Research, 2023, 237：117003.

［129］ Nordhaus D W. Can we control carbon dioxide? (from 1975)［J］. American Economic Review, 2019, 109(6)：2015-2035.

［130］ Partha D, David P A. Toward a new economics of science［J］. Research Policy, 1994, 23(5)：487-521.

［131］ Rajan R G, Zingales L. Financial dependence and growth［J］. American Economic Review, 1998：559-586.

［132］ Robb A M, Robinson D T. The capital structure decisions of new firms［J］. The Review of Financial Studies, 2014, 27(1)：153-179.

［133］ Rosenberg N. Why do firms do basic research (with their own money)［J］. Research Policy, 1990, 19(2)：165-174.

［134］ Rothwell R. Towards the fifth-generation innovation process［J］. International Marketing Review, 1994, 11(1)：7-31.

［135］ Saidi F, Žaldokas A. How does firms' innovation disclosure affect their banking relationships［J］. Management Science, 2021, 67(2)：742-768.

［136］ Saniee I, Kamat S, Prakash S, et al. Will productivity growth return in the new digital era［J］. Bell Labs Technical Journal, 2017, 22：1-18.

[137] Schumpeter J A. The theory of economic development[M]. Cambridge: Harvard University Press, 1934.

[138] Seru A. Firm boundaries matter: Evidence from conglomerates and R&D activity[J]. Journal of Financial Economics, 2014, 111(2): 381-405.

[139] Sharfman M P, Fernando C S. Environmental risk management and the cost of capital[J]. Strategic Management Journal, 2008, 29(6): 569-592.

[140] Shimizu H. General purpose technology, spin-out, and innovation [M]. Berlin: Springer, 2019.

[141] Shleifer A, Vishny R W. Liquidation values and debt capacity: A market equilibrium approach[J]. The Journal of Finance, 1992, 47(4): 1343-1366.

[142] Siegel S D, Waldman A D, Atwater E L, et al. Commercial knowledge transfers from universities to firms: Improving the effectiveness of university-industry collaboration[J]. Journal of High Technology Management Research, 2003, 14(1): 111-133.

[143] Solow R M. Technical change and the aggregate production function [J]. The Review of Economics and Statistics, 1957, 39(3): 312-320.

[144] Stiglitz J E, Weiss A. Credit rationing in markets with imperfect information[J]. The American Economic Review, 1981, 71(3): 393-410.

[145] Stulz R M, Johnson H. An analysis of secured debt[J]. Journal of Financial Economics, 1985, 14(4): 501-521.

[146] Subramanian A M, Nishant R, Van De Vrande V, et al. Technology transfer from public research institutes to SMEs: A configurational approach to studying reverse knowledge flow benefits [J]. Research Policy, 2022, 51 (10): 104602.

[147] Suh P. Intellectual property rights and debt financing [J]. The Review of Financial Studies, 2023, 36(5): 1970-2003.

[148] Sun L, Abraham S. Estimating dynamic treatment effects in event studies with heterogeneous treatment effects[J]. Journal of Econometrics, 2021, 225(2): 175-199.

[149] Tavassoli S, Obschonka M, Audretsch D B. Entrepreneurship in cities[J]. Research Policy, 2021, 50(7): 104255.

［150］ Thursby G J, Jensen R, Thursby C M. Objectives, characteristics and outcomes of university licensing: A survey of major U. S. universities［J］. The Journal of Technology Transfer, 2001, 26(1-2): 59-72.

［151］ Tian X, Xu J. Do place-based policies promote local innovation and entrepreneurship? ［J］. Review of Finance, 2022, 26(3): 595-635.

［152］ Toole A A, Czarnitzki D. Biomedical academic entrepreneurship through the SBIR program［J］. Journal of Economic Behavior and Organization, 2006, 63(4): 716-738.

［153］ Toole A A, Czarnitzki D. Commercializing science: Is there a university "brain drain" from academic entrepreneurship? ［J］. Management Science, 2010, 56(9): 1599-1614.

［154］ Toole A A. The impact of public basic research on industrial innovation: Evidence from the pharmaceutical industry［J］. Research Policy, 2011, 41(1): 1-12.

［155］ Trajtenberg M. A penny for your quotes: Patent citations and the value of innovations［J］. The Rand Journal of Economics, 1990: 172-187.

［156］ Vig V. Access to collateral and corporate debt structure: Evidence from a natural experiment［J］. The Journal of Finance, 2013, 68(3): 881-928.

［157］ Wang H, Li Y, Lin W, et al. How does digital technology promote carbon emission reduction? Empirical evidence based on e-commerce pilot city policy in China［J］. Journal of Environmental Management, 2023, 325: 116524.

［158］ Wang H, Zhang Y, Lin W, et al. Transregional electricity transmission and carbon emissions: Evidence from ultra-high voltage transmission projects in China［J］. Energy Economics, 2023a, 123: 106751.

［159］ Wang Y, Xie X, Yang Y. Valuing research output: Evidence from a Chinese university［J］. China Economic Review, 2023b, 79: 101964.

［160］ Welter F, Smallbone D. Institutional perspectives on entrepreneurial behavior in challenging environments［J］. Journal of Small Business Management, 2011, 49(1): 107-125.

［161］ Williamson O E. Corporate finance and corporate governance［J］. The Journal of Finance, 1988, 43(3): 567-591.

[162] Woolley J L, Rottner R M. Innovation policy and nanotechnology entrepreneurship[J]. Entrepreneurship Theory and Practice, 2008, 32(5): 791-811.

[163] Xie Z, Zhang X. The patterns of patents in China[J]. China Economic Journal, 2015, 8(2): 122-142.

[164] Xu J. Is there a trade-off between protecting investors and promoting entrepreneurial activity? evidence from angel financing[J]. Journal of Financial and Quantitative Analysis, 2023, 58(8): 3305-3341.

[165] Yi M, Liu Y, Sheng M S, et al. Effects of digital economy on carbon emission reduction: New evidence from China[J]. Energy Policy, 2022, 171: 113271.

[166] Zhang X P, Cheng X M. Energy consumption, carbon emissions, and economic growth in China[J]. Ecological Economics, 2009, 68(10): 2706-2712.

[167] Zhao B, Ziedonis R. State governments as financiers of technology startups: Evidence from Michigan's R&D loan program[J]. Research Policy, 2020, 49(4): 103926.

[168] Zwick E, Mahon J. Tax policy and heterogeneous investment behavior[J]. American Economic Review, 2017, 107(1): 217-248.

[169] 白俊红, 张艺璇, 卞元超. 创新驱动政策是否提升城市创业活跃度——来自国家创新型城市试点政策的经验证据[J]. 中国工业经济, 2022(6): 61-78.

[170] 蔡跃洲. 科技成果转化的内涵边界与统计测度 [J]. 科学学研究, 2015, 33(1): 37-44.

[171] 曹美真. 论技术服务的中介方[J]. 数量经济技术经济研究, 1988(1): 51-55.

[172] 陈长石, 姜廷廷, 刘晨晖. 中小银行如何影响科技企业进入——来自城市商业银行设立与跨区比较的经验证据[J]. 财贸经济, 2022, 43(9): 69-84.

[173] 陈劲, 阳银娟, 刘畅. 融通创新的理论内涵与实践探索[J]. 创新科技, 2020, 20(2): 1-9.

[174] 戴鹏毅，杨胜刚，袁礼．资本市场开放与企业全要素生产率[J]．世界经济，2021，44(8)：154-178.

[175] 董直庆，王辉．城市财富与绿色技术选择[J]．经济研究，2021，56(4)：143-159.

[176] 樊纲，王小鲁，马光荣．中国市场化进程对经济增长的贡献[J]．经济研究，2011，46(9)：4-16.

[177] 方颖，赵扬．寻找制度的工具变量：估计产权保护对中国经济增长的贡献[J]．经济研究，2011，46(5)：138-148.

[178] 冯涛，徐肇成，郭蕾．财政资助中小企业信用担保计划方式的比较研究[J]．财政研究，2011(8)：32-34.

[179] 韩峰，阳立高．生产性服务业集聚如何影响制造业结构升级？——一个集聚经济与熊彼特内生增长理论的综合框架[J]．管理世界，2020，36(2)：72-94+219.

[180] 洪银兴．产业化创新及其驱动产业结构转向中高端的机制研究[J]．经济理论与经济管理，2015(11)：5-14.

[181] 洪银兴．科技创新阶段及其创新价值链分析[J]．经济学家，2017(4)：5-12.

[182] 洪银兴．再论产业化创新：科技创新和产业创新的衔接[J]．经济理论与经济管理，2016(9)：5-11.

[183] 胡成，朱雪忠．基于专利信号的质押融资模式、困境与对策[J]．科研管理，2021，42(3)：109-119.

[184] 黄远浙，钟昌标，叶劲松，胡大猛．跨国投资与创新绩效——基于对外投资广度和深度视角的分析[J]．经济研究，2021，56(1)：138-154.

[185] 黄赜琳，秦淑悦，张雨朦．数字经济如何驱动制造业升级[J]．经济管理，2022，44(4)：80-97.

[186] 吉赟，杨青．高铁开通能否促进企业创新：基于准自然实验的研究[J]．世界经济，2020，43(2)：147-166.

[187] 江艇．因果推断经验研究中的中介效应与调节效应[J]．中国工业经济，2022(5)：100-120.

[188] 姜军，申丹琳，江轩宇，伊志宏．债权人保护与企业创新[J]．金融研究，2017，449(11)：128-142.

［189］解维敏，方红星．金融发展、融资约束与企业研发投入［J］．金融研究，2011（5）：171-183．

［190］柯艳蓉，李玉敏，吴晓晖．控股股东股权质押与企业投资行为——基于金融投资和实业投资的视角［J］．财贸经济，2019，40（4）：50-66．

［191］寇宗来，刘学悦．中国城市和产业创新力报告2017［R］．复旦大学产业发展研究中心，2017．

［192］寇宗来，刘学悦．中国企业的专利行为：特征事实以及来自创新政策的影响［J］．经济研究，2020，55（3）：83-99．

［193］黎文靖，郑曼妮．空气污染的治理机制及其作用效果——来自地级市的经验数据［J］．中国工业经济，2016（4）：93-109．

［194］李莉，闫斌，顾春霞．知识产权保护、信息不对称与高科技企业资本结构［J］．管理世界，2014（11）：1-9．

［195］李明星，Nelson Amowine，何娣，张憨．转型升级背景下小微企业专利融资模式创新研究［J］．科技进步与对策，2013，30（18）：138-142．

［196］李三希，王泰茗，武玙璠．数字经济的信息摩擦：信息经济学视角的分析［J］．北京交通大学学报（社会科学版），2021，20（4）：12-22．

［197］李胜兰，窦智．专利权质押制度改革的创新激励效应［J］．金融学季刊，2019，13（4）：75-109．

［198］李硕，王敏，张丹丹．中央环保督察和企业进入：来自企业注册数据的证据［J］．世界经济，2022，45（1）：110-132．

［199］李希义，蒋琇．政府支持下的知识产权质押贷款模式及其特征分析［J］．科技与法律，2009（5）：8-12．

［200］李燕来．专利权质押融资现状及法律完善［D］．华南理工大学硕士学位论文，2019．

［201］李垣．关于技术创新调节机制的探讨［J］．技术经济，1992（4）：17-19+16．

［202］林毅夫，李永军．中小金融机构发展与中小企业融资［J］．经济研究，2001（1）：10-18+53-93．

［203］林毅夫，孙希芳，姜烨．经济发展中的最优金融结构理论初探［J］．经济研究，2009，44（8）：4-17．

［204］刘澄，张羽，鲍新中．专利质押贷款风险动态监控预警研究

[J].科技进步与对策,2018,35(15)：132-137.

[205] 刘冲,耿伟栋,洪欣欣.专利质押对企业创新的影响研究[J].北京大学学报(哲学社会科学版),2019,56(5)：101-112.

[206] 刘冲,沙学康,张妍.交错双重差分：处理效应异质性与估计方法选择[J].数量经济技术经济研究,2022,39(9)：177-204.

[207] 刘鹤.必须实现高质量发展[N].人民日报,2021-11-24(006).

[208] 龙小宁,林菡馨.专利执行保险的创新激励效应[J].中国工业经济,2018(3)：116-135.

[209] 龙小宁,林志帆.中国制造业企业的研发创新：基本事实、常见误区与合适计量方法讨论[J].中国经济问题,2018(2)：114-135.

[210] 龙小宁,王俊.中国专利激增的动因及其质量效应[J].世界经济,2015,38(6)：115-142.

[211] 罗炜,余琰,周晓松.处置效应与风险投资机构：来自IPO公司的证据[J].经济研究,2017,52(4)：181-194.

[212] 马述忠,郭继文.制度创新如何影响我国跨境电商出口？——来自综试区设立的经验证据[J].管理世界,2022,38(8)：83-102.

[213] 毛昊,陈大鹏.知识产权服务购买符合支撑企业创新的理性行为决策吗[J].财贸经济,2015(2)：109-124.

[214] 梅冬州,杨龙见,高崧耀.融资约束、企业异质性与增值税减税的政策效果[J].中国工业经济,2022(5)：24-42.

[215] 孟祥旭,余长林.知识产权保护力度、专利质押融资与企业创新——基于专利质押融资试点的准自然实验[J].制度经济学研究,2021(1)：33-60.

[216] 孟祥旭.专利质押是否提升了企业全要素生产率？——基于中国专利质押试点的准自然实验[J].经济科学,2022(4)：124-137.

[217] 钱坤,沈厚才,殷倩波.基于企业专利质押的信贷风险决策[J].系统工程,2013,31(9)：39-43.

[218] 强皓凡,严晗,张文铖,肖康康.国有风险资本与企业融资约束：如愿以偿还是事与愿违？[J].财经研究,2021,47(11)：154-169.

[219] 乔晗,汪贵州,汪寿阳.风险投资能筛选并培育优质企业吗？——基于中国创业板的模糊断点回归分析[J].系统工程理论与实践,

2020，40（12）：3059-3079.

[220] 宋弘，孙雅洁，陈登科．政府空气污染治理效应评估——来自中国"低碳城市"建设的经验研究[J]．管理世界，2019，35（6）：95-108+195.

[221] 宋敏，周鹏，司海涛．金融科技与企业全要素生产率——"赋能"和信贷配给的视角[J]．中国工业经济，2021（4）：138-155.

[222] 唐珏，封进．社会保险缴费对企业资本劳动比的影响——以21世纪初省级养老保险征收机构变更为例[J]．经济研究，2019，54（11）：87-101.

[223] 陶锋，赵锦瑜，周浩．环境规制实现了绿色技术创新的"增量提质"吗——来自环保目标责任制的证据[J]．中国工业经济，2021（2）：136-154.

[224] 田力普．发展知识产权事业　促进经济社会发展[J]．求是，2011（1）：48-50.

[225] 王春杨，兰宗敏，张超，侯新烁．高铁建设、人力资本迁移与区域创新[J]．中国工业经济，2020（12）：102-120.

[226] 王海成，吕铁．知识产权司法保护与企业创新——基于广东省知识产权案件"三审合一"的准自然试验[J]．管理世界，2016（10）：118-133.

[227] 王峤，刘修岩，李迎成．空间结构、城市规模与中国城市的创新绩效[J]．中国工业经济，2021（5）：114-132.

[228] 王靖宇，刘红霞．央企高管薪酬激励、激励兼容与企业创新——基于薪酬管制的准自然实验[J]．改革，2020（2）：138-148.

[229] 王林辉，王辉，董直庆．经济增长和环境质量相容性政策条件——环境技术进步方向视角下的政策偏向效应检验[J]．管理世界，2020，36（3）：39-60.

[230] 王涛，胡园园，顾新，王彦婷．我国中小型企业专利权质押现状及对策建议[J]．科学学研究，2016，34（6）：874-881.

[231] 王贤彬，刘淑琳，黄亮雄．经济增长压力与地区创新——来自经济增长目标设定的经验证据[J]．经济学（季刊），2021，21（4）：1147-1166.

[232] 王小鲁，樊纲，胡李鹏．中国分省份市场化指数报告[M]．北京：社会科学文献出版社，2018.

[233] 王小鲁，樊纲，马光荣．中国分省企业经营环境指数2017年报告[M]．北京：社会科学文献出版社，2017.

[234] 王元地，胡谍. 中国企业质押专利特征分析——基于区域视角[J]. 科技进步与对策，2015，32(8)：108-112.

[235] 文豪，曲文哲，胡昊楠. 专利许可收益权质押融资的性质及其适用法规研究[J]. 宏观经济研究，2016(12)：112-121.

[236] 吴超鹏，唐菂. 知识产权保护执法力度、技术创新与企业绩效——来自中国上市公司的证据[J]. 经济研究，2016，51(11)：125-139.

[237] 吴晓波，吴东. 论创新链的系统演化及其政策含义[J]. 自然辩证法研究，2008，24(12)：58-62.

[238] 谢绚丽，沈艳，张皓星，郭峰. 数字金融能促进创业吗?——来自中国的证据[J]. 经济学(季刊)，2018，17(4)：1557-1580.

[239] 徐欣，唐清泉. 财务分析师跟踪与企业 R&D 活动——来自中国证券市场的研究[J]. 金融研究，2010(12)：173-189.

[240] 薛明皋，刘璘琳. 专利质押贷款环境下的专利价值决定因素研究[J]. 科研管理，2013，34(2)：120-127.

[241] 闫昊生，孙久文，蒋治. 创新型城市、所有制差异与企业创新：基于目标考核视角[J]. 世界经济，2021，44(11)：75-101.

[242] 叶文平，李新春，陈强远. 流动人口对城市创业活跃度的影响：机制与证据[J]. 经济研究，2018，53(6)：157-170.

[243] 叶祥松，刘敬. 政府支持、技术市场发展与科技创新效率[J]. 经济学动态，2018(7)：67-81.

[244] 于立强. 科技型中小企业知识产权质押融资模式探究[J]. 科学管理研究，2017，35(5)：91-94.

[245] 余明桂，王俐璇，赵文婷，胡彦琦. 专利质押、融资约束与企业劳动雇佣[J]. 数量经济技术经济研究，2022，39(9)：70-93.

[246] 余泳泽，刘大勇. 我国区域创新效率的空间外溢效应与价值链外溢效应——创新价值链视角下的多维空间面板模型研究[J]. 管理世界，2013(7)：6-20+70+187.

[247] 余泳泽. 中国区域创新活动的"协同效应"与"挤占效应"——基于创新价值链视角的研究[J]. 中国工业经济，2015(10)：37-52.

[248] 曾海舰. 房产价值与公司投融资变动——抵押担保渠道效应的中国经验证据[J]. 管理世界，2012(5)：125-136.

［249］曾婧婧，温永林．政府创业政策对城市创业的影响及其作用机制——基于国家创业型城市的准自然实验［J］．经济管理，2021，43（4）：55-70．

［250］张超，张晓琴．专利权质押融资影响出质企业绩效的实证研究［J］．科研管理，2020，41（1）：142-151．

［251］张海洋，颜建晔．精准扶贫中的金融杠杆：绩效和激励［J］．经济学（季刊），2020，20（5）：193-212．

［252］张杰，刘元春，翟福昕，芦哲．银行歧视、商业信用与企业发展［J］．世界经济，2013，36（9）：94-126．

［253］张杰，芦哲，郑文平，等．融资约束、融资渠道与企业 R&D 投入［J］．世界经济，2012，35（10）：66-90．

［254］张杰，郑文平，新夫．中国的银行管制放松、结构性竞争和企业创新［J］．中国工业经济，2017（10）：118-136．

［255］张魁伟，许可．中小企业专利质押融资的风险规避研究［J］．财政研究，2014（11）：27-30．

［256］张龙耀，张海宁．金融约束与家庭创业——中国的城乡差异［J］．金融研究，2013（9）：123-135．

［257］张其仔，许明．中国参与全球价值链与创新链、产业链的协同升级［J］．改革，2020（6）：58-70．

［258］张学勇，廖理．风险投资背景与公司 IPO：市场表现与内在机理［J］．经济研究，2011，46（6）：118-132．

［259］张一林，龚强，荣昭．技术创新、股权融资与金融结构转型［J］．管理世界，2016（11）：65-80．

［260］张一林，林毅夫，龚强．企业规模、银行规模与最优银行业结构——基于新结构经济学的视角［J］．管理世界，2019，35（3）：31-47+206．

［261］郑莹，张庆垒．专利信号如何缓解企业融资约束——基于专利质押融资政策的效果评价［J］．管理学季刊，2019，4（1）：55-72+100．

［262］钟腾，罗吉罡，汪昌云．地方政府人才引进政策促进了区域创新吗？——来自准自然实验的证据［J］．金融研究，2021（5）：135-152．

［263］钟腾，汪昌云．金融发展与企业创新产出——基于不同融资模式对比视角［J］．金融研究，2017（12）：127-142．

［264］周小虎.中国创业竞争力发展报告（2018）［M］.北京：经济管理出版社，2018.

［265］周衍平，左弈，陈会英.科技型中小企业专利组合质押融资利益分配机制研究［J］.经济问题，2021（5）：39-46.

［266］周泽将，汪顺，张悦.知识产权保护与企业创新信息困境［J］.中国工业经济，2022（6）：136-154.